Fußball
Konditionstraining

Thorsten Dargatz

Fußball Konditionstraining

Kraft, Schnelligkeit, Ausdauer und Beweglichkeit

Copress SPORT

Produktion:
bookwise GmbH, München, in Zusammenarbeit
mit Buchflink, Nördlingen

Umschlaggestaltung:
Stiebner Verlag GmbH, München

Zeichnungen (nach vorlagen des Autors):
Günter Wiesler, Annelie Nau

Abbildungen Innenteil:
Studio + Fachlabor Hesterbrink (Fotograf: Ulrich Pölert),
imago

Abbildung Umschlag:
imago

Bibliografische Information
der Deutschen Bibliothek:
Die Deutsche Bibliothek verzeichnet
diese Publikation in der Deutschen
Nationalbibliografie; detaillierte bibliografische Daten sind im Internet über
<http://dnb.ddb.de> abrufbar.

Der Autor

Thorsten Dargatz, Jahrgang 1964, absolvierte 1993 sein sportwissenschaftliches Diplom an der DSHS in Köln und ist im Besitz der höchsten Trainerlizenz des Deutschen Leichtathletikverbandes (DLV). Als Konditionstrainer des Bundesligisten Arminia Bielefeld war er für die athletische Ausbildung der Fußballer zuständig – mit dem Ziel, alle Spieler auf ein gleich hohes Niveau zu bringen. Heute arbeitet er als Wissenschaftsredakteur für zahlreiche Magazine und Zeitschriften.

1. Auflage 2006

© 2006 Copress Verlag in der Stiebner
Verlag GmbH, München
Alle Rechte vorbehalten.
Wiedergabe, auch auszugsweise,
nur mit ausdrücklicher Genehmigung des Verlags.
Gesamtherstellung: Stiebner, München
Printed in Germany
ISBN 3-7679-0897-2
www.copress.de

Inhalt

Ein kritisches Wort zuvor 7

Einleitung 9

Kapitel 1:
Die Trainingsplanung 11
1.1. Kontinuierlich besser werden:
 Die Adaptationsmechanismen ... 12
1.2. Schnell wieder fit: Die Wiederherstellungsmaßnahmen 17
1.3. Das Laktat und seine Bedeutung
 für den Trainingsprozess 17

Kapitel 2:
Das Auf- und Abwärmen 21
2.1. Aufwärmprogramme 22
2.2. Abwärmprogramme 23

Kapitel 3:
Das Ausdauertraining 25
3.1. Der Muskelstoffwechsel 26
3.2. Aerobe und anaerobe Ausdauer .. 26
3.3. Die Auswirkungen eines Ausdauertrainings auf die Leistungsfähigkeit
 des Fußballspielers 29
3.4. Die Auswirkungen auf das Herz .. 31
3.5. Das Sportherz 32
3.6. Die Durchblutung des Herzens ... 34
3.7. Der Kreislauf 35
3.8. Die Atmung 37
3.9. Nasenatmung und Mundatmung 38

3.10. Die Temperaturregulation 38
3.11. Was Schwitzen mit dem Körper
 macht 41
3.12. Die Grundmethoden
 des Ausdauertrainings 41
3.13. Die Auswirkungen einer schlechten
 Ausdauer auf die Leistungsfähigkeit 45
3.14. Das Training der Grundlagenausdauer 46
3.15. Periodisierung des Ausdauertrainings 51
3.16. Der Muskelkater 53
3.17. Ausdauertraining in der Vorbereitungs- und Wettkampfperiode ... 53
3.18. Ausdauertests 55
3.19. Die Laktatmessung 57

Kapitel 4:
Das Schnelligkeitstraining 61
4.1. Die Voraussetzung für Schnelligkeitsleistungen 62
4.2. Die verschiedenen Arten der
 Schnelligkeit 63
4.3. Physiologische Grundlagen
 der Antrittsschnelligkeit 63
4.4. Trainingseffekte im Schnelligkeitstraining 65
4.5. Praktische Trainingsbeispiele für
 ein Schnelligkeitstraining 65
4.6. Überprüfung der Schnelligkeitsfähigkeiten 71
4.7. Wochentrainingspläne 72

Kapitel 5:
Die Kraft 77
5.1. Die Muskulatur 77
5.2. Das Muskelwachstum 79
5.3. Schnellkraft und ihre Bedeutung für den Fußballspieler 80
5.4. Die Krafttrainingsmethoden 81
5.5. Das Krafttraining 85
5.6. Das Circuittraining 90
5.7. Das vorbereitende Sprungkrafttraining 92
5.8. Spezielle Krafttrainingsmethoden 94
5.9. Das Schnellkrafttraining 96
5.10. Das Kraftausdauertraining 100
5.11. Spezielle Krafttrainingsformen ... 101
5.12. Die Periodisierung des Krafttrainings 102
5.13. Der Muskelkater – die Rache des Körpers 103
5.14. Muskuläre Dysbalancen 104
5.15. Trainingsbeispiele 105
5.16. Testformen zur Überprüfung der Kraftfähigkeiten 109

Kapitel 6:
Die Beweglichkeit 111
6.1. Die Bedeutung der Beweglichkeit für den Fußballspieler 111
6.2. Physiologische und anatomische Grundlagen der Beweglichkeit ... 113
6.3. Die Dehnung der Muskulatur 115
6.4. Muskuläre Dysbalancen erkennen 116
6.5. Beweglichkeitstests 118
6.6. Muskelfunktionstests mit Partner 123
6.7. Formen des Beweglichkeitstrainings 126
6.8. Die Periodisierung des Beweglichkeitstrainings 129
6.9. Die besten Stretchingübungen ... 130

Ein kritisches Wort zuvor

Die deutsche Fußballwelt kam aus dem Staunen nicht mehr heraus. Kaum hatte Jürgen Klinsmann seinen Job als Bundestrainer angetreten, engagierte er einen amerikanischen Fitnesscoach, um die Kondition der Nationalkicker zu verbessern. Statt gegen den Ball zu treten, sprangen sie über Hürden. Statt auf das Tor zu dreschen, zogen sie im Sprint Gewichte hinter sich her. Die Fitness der Spieler stand plötzlich im Blickpunkt der Öffentlichkeit. Dabei sind sich Experten schon lange einig, dass ein spezielles Konditionstraining mindestens genauso wichtig ist wie das Spiel mit dem Ball. Aktuelle Studien zeigen deutlich, dass es mit der Fitness der deutschen Fußballspieler nicht zum Besten gestellt ist. Im Vergleich mit anderen Sportarten können Kicker nicht mithalten. Ein wichtiger Parameter für die körperliche Fitness ist die maximale Sauerstoffaufnahme. Hier rangieren sogar Bundesligaspieler nur im unteren Mittelfeld, weit abgeschlagen hinter Handballern, Basketballern und sämtlichen Individualsportlern wie Ruderer, Radfahrer oder Eisschnellläufer.

Auch die Doktorarbeit von Pedro Balza Gonzales von der Universität Hamburg zeichnet ein desaströses Bild vom deutschen Fußball. Anhand von detaillierten Fragebögen, die von 15 der 18 Bundesligaklubs auch ausgefüllt wurden, konnte er sich ein Bild über den Trainingsalltag und die Bedingungen dort machen. Das Ergebnis ist eine imposante Mängelliste: Es wird zu wenig trainiert, es wird falsch trainiert, es fehlt an qualifizierten Konditionstrainern, die technische Ausbildung lässt zu wünschen übrig, Leistungskontrollen finden nicht statt. Der Doktorand spricht von mittelalterlichen Zuständen. Im internationalen Vergleich hängt der deutsche Fußball weit hinterher. Zahlreiche Trainer haben sich darüber empört, die Ergebnisse der Hamburger Analyse aber nicht widerlegen können. Es scheint fast so, als seien die neuesten Erkenntnisse der Sportwissenschaft dem Fußball verdächtig. Dabei ist es höchste Zeit, sich über ein vernünftiges Konditionstraining Gedanken zu machen. Der Fußball ist sehr schnell geworden und stellt immer höhere Anforderungen an die Athletik der Spieler. Der deutsche Fußball kann – bis auf wenige Ausnahmen – schon seit Jahren mit dieser Entwicklung nicht mehr mithalten. 40 % der Bundesligavereine verzichten auf einen Konditionstrainer. Folge: Vor allem die methodische Schulung von Kraft und Schnelligkeit wird vernachlässigt.

Amerikanische Profiklubs im Basketball oder Eishockey leisten sich bis zu fünf Fitnesstrainer, Real Madrid und der FC Chelsea sogar noch mehr. Im deutschen Fußball dagegen herrscht eher das Prinzip Bauchgefühl. Ein Grund: Die meisten Bundesligatrainer verlassen sich auf das, was sie einst als Profis erlebt und erfahren haben. Und das kann mit dem modernen Fußball von heute einfach nicht mehr mithalten. Gonzales kam bei seinen Untersuchungen auf rund zehn Trainingsstunden pro Woche. Vermutlich sind es weniger, da es sich um Selbstangaben der Vereine handelte. Athleten und Trainer aus anderen Sportarten kam es immer schon ziemlich verdächtig vor, wie man es in einem 90-minütigen Trainingsprogramm schafft, Kraft, Ausdauer, Schnelligkeit, Beweglichkeit, Taktik, Zweikampfverhalten und Schusstechnik zu verbessern. Andere Sportarten kommen locker auf 20 bis 25 Trainingsstunden pro Woche – und das auch während der Saison.

Was viele Trainer und Verantwortliche im Fußball ebenfalls nicht beachten: Je schlechter die konditionellen Fähigkeiten, desto höher die Verletzungsgefahr. Schon kurz nach dem Start der Bundesligasaison 2005/06 saßen über 40 Profikicker auf der Ersatzbank oder im Rehazentrum, um kleinere oder meist sogar größere Blessuren zu kurieren. Das kostet die Vereine Millionen Euro, die mit einem versierten Konditionstrainer locker eingespart werden könnten.

Thorsten Dargatz, im März 2006

Einleitung

Kommen wir nach all der Kritik aber nun zum Wesentlichen dieses Buches. Was zeichnet einen guten Fußballspieler aus? Eine gute Technik, die richtige Ballbehandlung, Spielverständnis und die Fähigkeit, diese Komponenten über ein gesamtes Spiel hinweg anzuwenden. Die beste Balltechnik nützt keinem Spieler etwas, wenn er sie aufgrund konditioneller Mängel nicht vernünftig einsetzen kann. Ohne Kraft, Schnelligkeit, Ausdauer und Beweglichkeit läuft auch im Fußball nicht viel. Aufgrund meiner eigenen Erfahrung, die ich beim Training mit Spielern gemacht habe, bin ich mir der Tatsache bewusst, dass ein Fußballspieler sein gesamtes Trainingsprogramm am liebsten mit dem Ball absolvieren würde. Wer jedoch seine Leistungsfähigkeit und damit sein spielerisches Potential erhöhen möchte, kann auf spezielle Trainingsformen nicht verzichten, wobei ein Grundsatz nicht vergessen werden darf: Je weniger ein Fußballspieler trainiert, desto wichtiger ist ein Training mit dem Ball. In diesem Zusammenhang möchte ich auch die Eigeninitiative von Spielern ansprechen.

In den unteren Klassen werden manchmal nur zwei Trainingseinheiten in der Woche trainiert. Da bei diesem geringen Trainingsaufwand kein spezielles Konditionstraining durchgeführt werden kann, liegt es an den Spielern, selbständig weitere Trainingseinheiten durchzuführen. Dieses Buch soll sowohl Trainern als auch Spielern helfen, die richtigen Trainingsformen zur Verbesserung der wichtigen konditionellen Grundeigenschaften anzuwenden.

Neben den trainingspraktischen Informationen sind einige physiologische Grundlagen von entscheidender Bedeutung für das Verständnis dafür, dass die Durchführung von regelmäßigen Konditionstrainingseinheiten unerlässlich sind. Denn der Fußballspieler benötigt Kraft einerseits, um sich fortbewegen zu können, andererseits, um sich mit den auf ihn einwirkenden Kräften (Gegner, Ball) auseinander zu setzen.

Kapitel 1:
Die Trainingsplanung

Beginnen möchte ich mit dem Wichtigsten: der wohl durchdachten und den neuesten Erkenntnissen entsprechenden Trainingsplanung. Ein Training umfasst alle Maßnahmen zur sportlichen Leistungssteigerung und -erhaltung. Dabei werden aus biologisch-medizinischer Sicht systematisch wiederholte überschwellige Bewegungsreize durchgeführt, die so genannte morphologische (Muskulatur, Gefäß-/Nervensystem) und funktionelle Anpassungserscheinungen (koordiniertes Spiel, bessere Ballbeherrschung) zum Ziel haben. Damit das auch gelingt, ist eine Leistungs- oder Trainingssteuerung unbedingt notwendig. Ziel des Trainings ist es, Leistungsverbesserungen innerhalb eines bestimmten Zeitraumes anzustreben. Der Aufstieg in die nächst höhere Liga könnte eines dieser Ziele sein.

In diesem Buch gehe ich nur auf die Jahresplanung ein, die wiederum in Vorbereitungs-, Wettkampf- und Übergangsperiode unterteilt wird. Die dabei verwendeten Fachbegriffe sind Makrozyklus (MAZ), Mesozyklus (MEZ) und Mikrozyklus (MIZ).

Bayern-Trainer Felix Magath: auch erfolgreich, weil er auf seinen Konditionstrainer baut

- Der Makrozyklus umfasst dabei zum einen den Zeitraum vom Beginn der Sommervorbereitung bis zum Ende der Wintersaison und den Beginn der Wintervorbereitung bis zum Ende der Spielzeit.
- Die Mesozyklen beziehen sich auf den Zeitraum der Vorbereitung bis zum ersten Punktspiel und die anschließende Trainingsphase während der Wettkampfsaison.
- Mikrozyklen umfassen den Zeitraum von einer Trainingswoche.

Da gerade im Amateurbereich aufgrund von Urlaubswünschen und Terminüberschneidungen oft keine ausreichende Vorbereitungszeit vorhanden ist, sollte jeder Spieler selbst ein individuelles Konditionstraining durchführen. Im Idealfall hat man in der Phase der Sommervorbereitung einen Zeitraum von sechs bis acht Wochen zur Verfügung, in der Winterphase einen Zeitraum von bis zu zwölf Wochen. Wie bereits erwähnt, eignet sich die längere Winterphase ganz besonders gut, um das Trainingspensum zu steigern. Wer in der kurzen Phase der Sommervorbereitung mit einem speziellen Konditionstraining anfängt, riskiert leicht einen Übertrainingszustand, der sich in den ersten Punktspielen negativ auf die Leistung auswirken kann.

Die meist nur sechswöchige Vorbereitungsphase im Sommer wird in zwei Mesozyklen unterteilt. Der erste Mesozyklus erstreckt sich über einen Zeitraum von vier Wochen, der zweite über zwei Wochen. Auch die Wintervorbereitung wird in zwei Etappen unterteilt. Der erste Mesozyklus sollte sechs Wochen betragen. In diesem Zeitraum sind optimale Leistungssteigerungen möglich.

Ziel des Trainings in der Wettkampfperiode ist es, die erworbene Leistungsfähigkeit zu halten und in bestimmten Bereichen (Sprintfähigkeit, Kraftausdauer) weiter auszubauen.

Die Übergangsperiode sollte sehr kurz gehalten (zwei bis drei Wochen) und möglichst aktiv gestaltet werden (Wald- oder Strandläufe, Schwimmen, Radfahren, Gymnastik), um die Leistungsfähigkeit nicht allzu stark absinken zu lassen. Hier ist wieder die individuelle Bereitschaft des Spielers gefragt.

Trainingsziele der ersten Phase eines Vorbereitungszyklus:
- Physische, psychische und andere Voraussetzungen werden geschaffen.
- Typisch für das Training ist ein ansteigender Belastungsumfang. Der Belastungsumfang ist zunächst höher als die Belastungsintensität.
- Es wird zunächst ein allgemeines Training durchgeführt.
- Im Bereich der Maximalkraft und der Sprintfähigkeit werden bereits Akzente gesetzt.

Trainingsziele in der zweiten Phase:
Das Training wird spezieller, die Umfänge etwas reduziert, die Intensität zugunsten wettkampfspezifischer Belastung gesteigert.

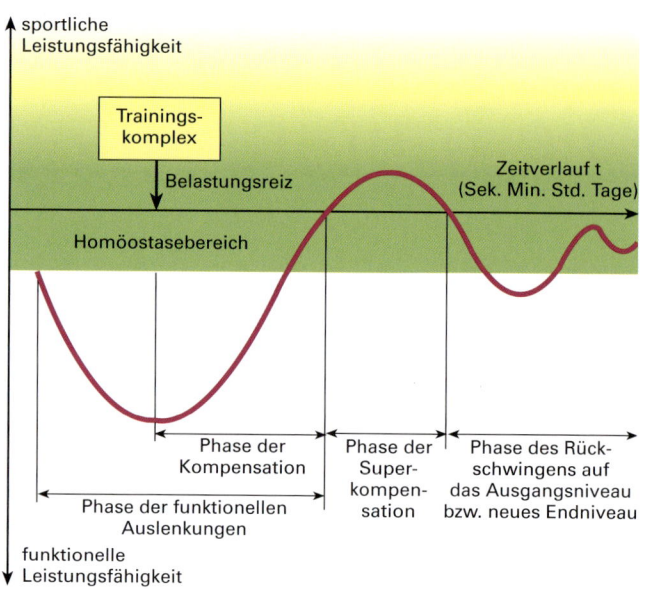

Der Kurvenverlauf beschreibt die einzelnen Phasen der sportlichen Leistungsfähigkeit während und nach einer Belastung.

1.1. Kontinuierlich besser werden: Die Adaptationsmechanismen

Adaptation heißt übersetzt Anpassung und beschreibt den wichtigsten Bereich des Trainings überhaupt. Ohne Adaptation ist keine Leistungssteigerung möglich. Dabei spielt die Wechselbeziehung zwischen Belastung und Erholung eine wichtige Rolle. Für den Trainer und auch für den Spieler ist es wichtig zu wissen, welche Veränderungen ein Training im Körper auslöst und was sich in der Erholungsphase zwischen den Trainingseinheiten abspielt. Eine ständige Erhöhung der sportlichen Leistungsfähigkeit – und das ist ja das Ziel eines jeden Sportlers – setzt neben der Steuerung der Belastungsgestaltung auch das Wissen über die Wiederherstellungsprozesse voraus.

Die Wiederherstellungsphase umfasst den Zeitraum zwischen den aufeinander folgenden Belastungsreizen (Trainingseinheiten). Dabei spielen die biorhythmischen Schwankungen, denen jeder Mensch unterliegt, eine entscheidende Rolle. Die optimale

Trainingszeit liegt am Morgen zwischen zehn und zwölf Uhr und am Abend zwischen 18 und 20 Uhr.

Ziel aller Maßnahmen zur schnelleren Wiederherstellung der sportlichen Leistungsfähigkeit ist es, den in der Trainingsbelastung gesetzten Reiz und die nachfolgende morphologische und funktionelle Anpassung positiv zu beeinflussen. Sportliches Training führt zu beabsichtigten Ermüdungszuständen des Organismus. Die Geschwindigkeit, sich von der Belastung zu erholen, ist von entscheidender Bedeutung für den Erfolg einer Trainingsphase.

Besonders die Wiederherstellungsprozesse, die wenige Stunden nach einer sportlichen Belastung einsetzen, sind gut beeinflussbar. Damit die richtigen Maßnahmen getroffen werden, ist es erforderlich, die Veränderungen der Leistungsfähigkeit des Organismus im Zusammenhang mit sportlichen Belastungen zu kennen.

Die Abbildung auf S. 12 zeigt den zeitlichen Verlauf der Veränderung der physischen und funktionellen Leistungsfähigkeit während der Belastung und die Dauer der Wiederherstellung.

- Phase der funktionellen Auslenkungen (reversible Dekompensation)
- Phase der Kompensation
- Phase der Superkompensation
- Phase des Rückschwingens der ausgelenkten Funktionssysteme auf das Ausgangsniveau bzw. neues Endniveau

Die Phase der funktionellen Auslenkungen

Die Phase ist gekennzeichnet durch das gewollte Absinken der sportlichen Leistung. Es kommt zu einem so genannten Schwingungsverhalten. Unter Ruhebedingungen befindet sich der Organismus in einem Fließgleichgewicht (Homöostase). Die im Trainingsprozess durchgeführten Belastungen (Umfang, Intensität, Trainingsmittel, Trainingsmethoden, Trainingshäufigkeit u. a.) bilden die erforderliche Grundvoraussetzung für Anpassungserscheinungen, die eine Erhöhung der Leistungsfähigkeit ermöglichen. Eine Steigerung der sportlichen Leistungsfähigkeit ist aber nur dann möglich, wenn die Trainingsintensität immer weiter gesteigert wird.

Ohne Ausdauer geht es nicht. Hier der FSV Mainz im Trainingslager.

Ein erschöpfter Kevin Kuranyi: Jetzt beginnt die Kompensationsphase.

Die Phase der Kompensation

In dieser Phase kommt es zum Rückschwingen der ausgelenkten Funktionssysteme und der Leistungsfähigkeit. Mit anderen Worten: Die Leistungsfähigkeit steigt wieder an. Je nach Trainingszustand dauert diese bei dem einen etwas kürzer, bei dem anderen länger. Dabei wird zwischen Früh- und Spätphase unterschieden. Die Frühphase der Kompensation umfasst einen Zeitraum von wenigen Minuten bis zu sechs Stunden, in dem wesentliche Prozesse ablaufen, die die Homöostase wiederherstellen.

Dazu zählen:
- Normalisierung der Herz-Kreislauf-Regulation (Herzfrequenz, Blutdruck)
- Normalisierung des Säure-Basen-Status
- Normalisierung des neuromuskulären Systems
- Regenerierung der energiereichen Phosphatverbindungen
- Umverteilungen im Flüssigkeits- und Mineralhaushalt
- Beginn anaboler Stoffwechselprozesse

Die Spätphase der Kompensation umfasst einen Zeitraum von sechs Stunden bis zu mehreren Tagen. In dieser Phase regenerieren sich folgende Strukturen:

- die Muskeln
- die Mitochondrien (Kraftwerke der Zellen)
- das Binde-, Stütz- und Knorpelgewebe
- die verbrauchten Substrate (Glykogen, Triglyzeride u. a.)

Die Phase der Superkompensation

Kommen wir zum wichtigsten Teil. Nach jedem ausreichend intensiven Training kommt es zu einem so genannten reaktiven Überschwingen, welches auch Superkompensation genannt wird. Es ist eine Phase erhöhter sportlicher Leistungsfähigkeit. Die Superkompensation nach einem Training kann als erste Anpassungserscheinung des Sportlers an sportliche Belastungen angesehen werden.

Die Phase des Rückschwingens

Nach der Phase der Superkompensation kommt es nicht zur sofortigen Rückkehr zum Ausgangs- bzw. neuen Endniveau, sondern zu einer Art gedämpfter Schwingung. Genau in der höchsten Phase des Rückschwingens sollte der nächste Trainingsreiz gesetzt werden. Für Trainer und Spieler ist das Wissen und die Ausnutzung des Schwingverhaltens biologischer Systeme von leistungsentscheidender Bedeutung, da sie bei der Gestaltung der Trainingsprozesse (Mikro- und Makrozyklen) mehr Berücksichtigung finden sollten. Eine Leistungssteigerung ist nur über die Erreichung mehrerer Superkompensationsphänomene in bestimmten Trainingsabschnitten möglich. Die nachfolgende Abbildung zeigt die Beeinflussung des Schwingverhaltens der an der sportlichen Leistungsentwicklung beteiligten Funktionssysteme durch optimal gesetzte Trainingsreize:

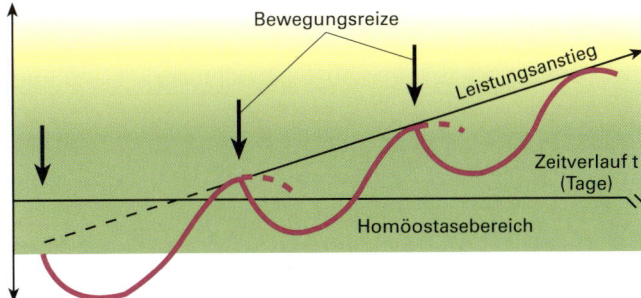

In der höchsten Phase der Superkompensation sollte der nächste Belastungsreiz gesetzt werden.

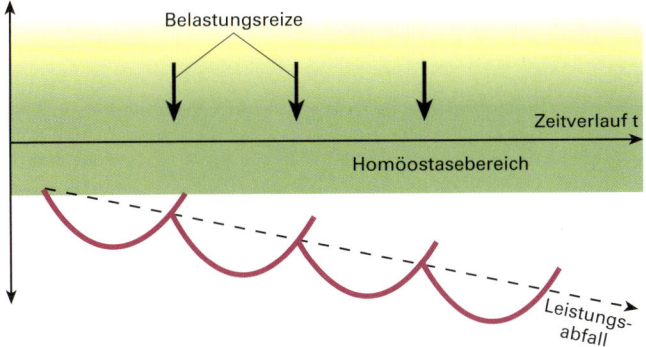

Falsch gesetzte Belastungsreize führen zum Übertraining und damit zum Leistungseinbruch.

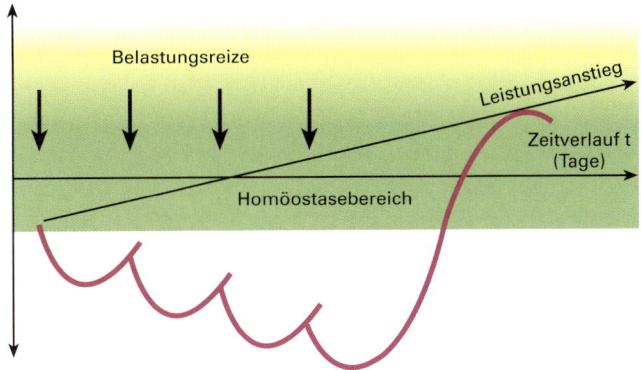

Unterschiedliche Trainingsreize führen zur Leistungssteigerung.

Wird das Training planlos, ohne Berücksichtigung des Schwingverhaltens durchgeführt, kommt es durch die falsch gesetzten Trainingsreize zu einem Leistungsabfall. Damit sowohl Trainer als auch Spieler eine zeitliche Vorstellung der Regenerationsprozesse nach Trainingsbelastungen haben, wurde von Martin (1980) und Großer/Brüggemann (1986) eine Tabelle erstellt, die auch heute noch Gültigkeit besitzt.

Mit Zuhilfenahme der nebenstehenden Tabelle auf der folgenden Seite kann ein optimales Jahrestrainingsprogramm erstellt werden:

- Die Trainingsplanung muss so gestaltet werden, dass die nachfolgende Trainingseinheit mit dem Gipfelpunkt der Superkompensation zusammenfällt. Dadurch ist eine effektive Leistungssteigerung möglich.
- Oft fällt die nachfolgende Trainingsbelastung in einen noch nicht abgeschlossenen Wiederherstellungsprozess. Das hängt damit zusammen, dass in der Trainingsfolge unterschiedliche Funktionssysteme angesprochen werden. Im Rahmen eines Mikrozyklus kommt es zu Trainingsreizen, die erst in anschließenden Wiederherstellungsprozessen zu einer Superkompensation führen. Diese unvollständige Wiederherstellung ist eine wesentliche Grundlage für die Anpassung des Organismus und die Entwicklung sportlicher Leistungsfähigkeit.
- Bei der Gestaltung des Trainingsprozesses darf nicht erst auf das Ende des Rückschwingvorgangs gewartet werden. Auf längere Sicht gesehen können dann keine Reize an die entsprechenden Funktionssysteme gegeben werden, weshalb sich die Leistungsfähigkeit schlecht entwickeln kann. Besonders bei hoch trainierten Spielern führen die immer gleichen, wenn auch hohen Belastungen zu keinem Superkompensationseffekt mehr.
- Wird der nächste Trainingsreiz zu früh gesetzt, kommt es zu so genannten Ermüdungssummationen. Mit anderen Worten: zum Leistungsabfall.

Trainer Fabio Capello (li., Juventus) beobachtet das Geschehen auf dem Trainingsplatz.

Regenerationsprozesse	Trainingsbelastungen Mit aerober Energiebereitstellung Energie	Mit aerob-anaerober Energiebereitstellung	Mit anaerob/alaktizider und Energiebereitst.	Mit anaboler Wirkung	Mit Wirkung auf das neuromuskuläre System
Laufende Regeneration	Bei einer Intensität von 60 bis 70%		Bei kurzen maximalen Belastungen mit vollständigen Pausen		
Unvollständige Schnellregeneration				Profis: 90 bis 120 Minuten Amateure: 45 bis 90 Minuten	Profis: 2 bis 3 Stunden Amateure: 1 bis 1,5 Stunden
Fast vollständige Regeneration	Bei einer Intensität von 90 bis 95%	Profis: 12 Stunden Amateure: 6 Stunden	Profis: 12 bis 18 Stunden Amateure: 6 bis 9 Stunden	Profis: 18 Stunden Amateure: 9 Stunden	Profis: 18 Stunden Amateure: 9 Stunden
Vollständige Regeneration	Intensität 75–90% Profis: 24 bis 48 Stunden Amateure:	Profis: 24 bis 36 Stunden Amateure: 12 bis 24 Stunden	Profis: 48 bis 72 Stunden Amateure: 24 bis 36 Stunden	Profis: 72 bis 84 Stunden Amateure: 36 bis 42 Stunden	Profis: 72 Stunden Amateure: 36 Stunden

Mit Hilfe dieser Tabelle ist eine optimale Trainingsplanung möglich.

1.2. Schnell wieder fit: Die Wiederherstellungsmaßnahmen

Trainingsmethodische Maßnahmen zur Wiederherstellung der Leistungsfähigkeit werden auch als Kompensationstraining bezeichnet. Ziel des Kompensationstrainings ist es, die durch Training bedingte Ermüdung mit trainingsmethodischen Mitteln wieder abzubauen. Auf diese Weise soll der Spieler schneller wieder in die Lage versetzt werden, eine erneute Trainingsbelastung zu absolvieren. Es gibt ein spezifisches und ein unspezifisches Kompensationstraining. Beim spezifischen Kompensationstraining gleicht die Trainingsbelastung der vorhergehenden mit dem Unterschied, dass die Intensität niedriger gewählt wird. Diese Maßnahme zur Wiederherstellung der Leistungsfähigkeit hat aber den Nachteil, dass noch einmal die gleiche Muskulatur beansprucht wird. So ist es nur bedingt möglich, alle Faktoren der Ermüdung zu beseitigen.

Beim unspezifischen Kompensationstraining werden im Trainingsprozess Muskelgruppen aktiviert und Bewegungsabläufe gefördert, die im vorangegangenen Training nicht beansprucht wurden. Auf diese Weise können Ermüdungsrückstände des Stoffwechsels (Schlackenstoffe in der Muskulatur) schneller beseitigt werden. Außerdem wird das Binde- und Stützgewebe entlastet.

Ganz wichtig: Die aktive Erholung beschleunigt den Wiederherstellungsprozess und ist der passiven Erholung (körperliche Ruhe) vorzuziehen. Die in der Frühphase der Erholung ablaufenden Stoffwechselprozesse werden bei erneuter geringer Belastung besser bewältigt.

1.3. Das Laktat und seine Bedeutung für den Trainingsprozess

Sobald Sie in Ihr Auto steigen und Gas geben, verbrennt der Motor Benzin. Ähnlich funktioniert auch der menschliche Organismus. Ausgelöst durch einen Nervenimpuls startet ein chemischer Vorgang, der in unglaublich schneller Geschwindigkeit abläuft und die Muskeln arbeiten lässt. Muskelfasern zählen zu den längsten Zellen des Körpers und sie veranstalten eine Art mikroskopisches Tauziehen, um chemische Energie in Bewegung umzusetzen. Dabei arbeiten die Muskeln mit einer raffiniert abgestimmten Mischung aus Kreatinphosphat, Glukose, Glykogen, Laktat, Fettsäuren und Triglyceriden. Manche dieser Brennstoffe werden im Muskel gespeichert, andere im Blutstrom zugeführt. Einige werden ohne Sauerstoff in Adenosintriphosphat (ATP) umgewandelt, dem universellen Energieträger des menschlichen Lebens, manche verbrennen dabei vollständig zu Kohlendioxid und Wasser.

Die meiste Energie fließt zu Beginn einer jeden Bewegung, wenn ATP und Kreatinphosphat abgebaut werden. Für diesen chemischen Ablauf ist kein Sauerstoff nötig und es entsteht kein Laktat (Salz der Milchsäure). Daher nennt man diesen Zeitraum auch anaerob-alaktazide Phase. Allerdings ist das Phosphatdepot nach sieben Sekunden entleert.

Müssen die Muskeln weiter intensiv arbeiten, beginnt bereits die so genannte anaerobe Glykolyse, d. h. der Abbau von Glykogen ohne Sauerstoff. Aber auch auf dieses Reservoir kann der Körper maximal 40 bis 90 Sekunden zurückgreifen. Denn hierbei bildet sich das Nebenprodukt Laktat.

Stichwort Laktat
Laktat ist die größte Bremse für den Fußballspieler. Der Laktatwert beschreibt den Milchsäureanteil im Blut und ist ein Abfallprodukt bei der Energiegewinnung für die Muskelarbeit. Der Körper ist durch das Laktat in der Lage, auch bei Sauerstoffmangel Energie zu produzieren. Der Energiegewinn fällt jedoch sehr gering aus. Laktat ist unmittelbar abhängig von der Intensität des Trainings, hauptsächlich von der Geschwindigkeit. Die Höhe der Laktatbildung ist vom Niveau der aeroben Leistungsfähigkeit abhängig.

Steht für den Stoffwechsel nicht genügend Sauerstoff zur Verfügung, ist die anfallende Laktatmenge größer als die Menge an Milchsäure, welche im selben Zeitraum durch das Herz und die Leber abgebaut werden kann. Folge: Die Muskulatur übersäuert, das Säure-Basen-Gleichgewicht in den Zellen kippt. Die Arbeitsfähigkeit sinkt und die Leistung lässt nach.

In Ruhephasen beträgt die Laktatkonzentration rund 1 Millimol pro Liter Blut (mmol/l). Ein Laktatwert von 4 mmol/l gilt als Schwelle, bei der sich Laktatanfall- und

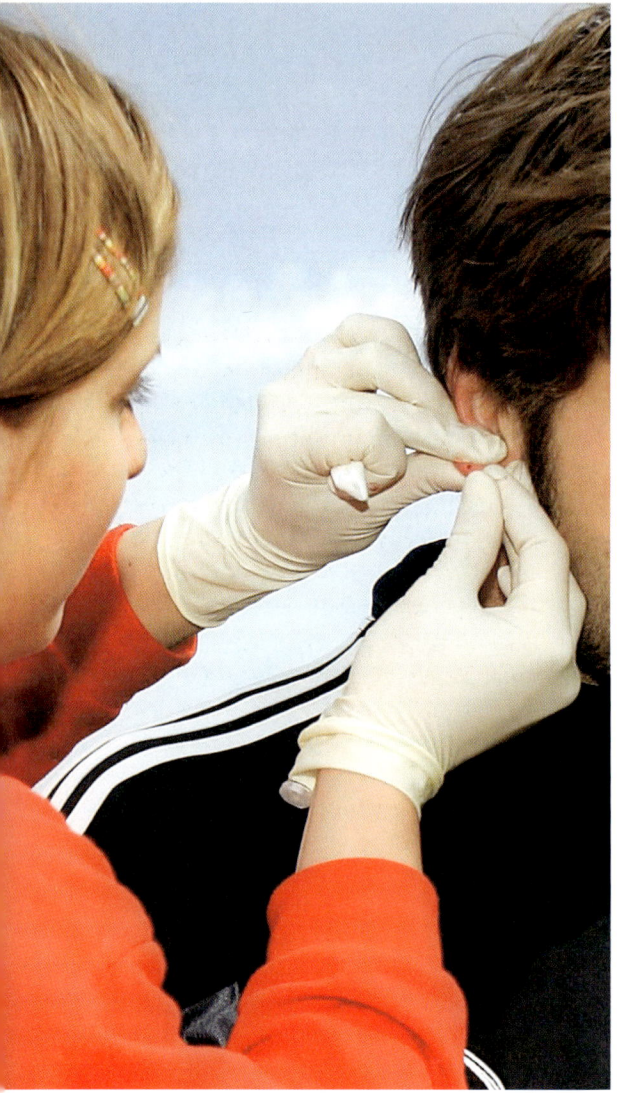

Ein Bluttropfen aus dem Ohr genügt, um den Laktatwert zu messen.

Sprinttraining bei Borussia Dortmund

abbau die Waage halten. Eine Belastung in diesem Bereich wird als Steady-State oder aerob-anaerobe Schwelle bezeichnet.

Doch dieser Wert kann individuell schwanken. Bei manchen Sportlern liegt er bei 3 mmol/l, bei anderen – sehr gut trainierten – bei 6 mmol/l.

Zu den sportmethodischen Maßnahmen, die helfen, das Laktat möglichst schnell wieder abzubauen, gehören:
– optimaler Trainingsaufbau
– individuelles Training
– prophylaktische Erholungsmaßnahmen
– Stretchingprogramme
– Auslaufen und Entmüden

Mit neu entwickelten Geräten kann eine Laktatbestimmung innerhalb von einer Minute stattfinden. Mit Hilfe dieser Messung ist eine objektive Bestimmung der Leistungsfähigkeit des Spielers möglich. Ich gehe nur deshalb so intensiv auf die Laktatmessung ein, da sie vor allem im Bereich des Schnelligkeitstrainings eine entscheidende Rolle spielt.

Wer über die Möglichkeit von Laktatwertmessungen verfügt, sollte diese nutzen. Sie dienen der Erfassung des aktuellen und individuellen Leistungsniveaus und haben damit direkte Auswirkung auf die Intensität des Trainingsprogramms.

Zu den sportmedizinischen Maßnahmen zählen:		
Physiotherapie	*Ernährung*	*Sportgerechte Lebensweise*
• Massagen • Thermotherapie • Elektrotherapie • manuelle Therapie • spezifische Körperübungen • Einreibungen • Badezusätze	• Optimale Ernährungsbilanzen • (Energie-, Nährstoff-, Mineral-, Flüssigkeitsbilanz) • Mahlzeitenrhythmus • Essgewohnheit • Essdisziplin	• persönliche Hygiene • Abhärtung • Genussmittelkonsum • Schlaf-Wach-Rhythmus • Freizeitgestaltung

Kapitel 2:
Das Auf- und Abwärmen

Genauso wie bei einem festlichen Essen, das durch eine exquisite Vorspeise und ein leckeres Dessert abgerundet wird, gibt es auch für jede Trainingseinheit ein entsprechendes Rahmenprogramm: das Auf- und Abwärmen.

Beginnen wir mit dem Aufwärmen. Dabei handelt es sich um die wichtigste Maßnahme zur unmittelbaren Trainingsvorbereitung mit den folgenden positiven Auswirkungen: Das Herz-Kreislauf-System wird stimuliert, die Gefäße in der Skelettmuskulatur erweitert, die Nervenleitgeschwindigkeit erhöht, Muskeltonus und Muskelelastizität positiv beeinflusst. Durch die erhöhte Entspannungsfähigkeit der Muskulatur kommt es bei lang andauernden zyklischen Belastungen zu einer Minimierung des Energieverbrauchs. Dabei spielt die Umgebungstemperatur beim Aufwärmen eine wichtige Rolle. Bei kalten Außentemperaturen reicht es nicht aus, sich nur so warm zu machen, dass man nicht mehr friert. Bei warmem Wetter ist der erste Schweißverlust noch kein Anzeichen für ein vernünftiges Aufwärmen. Es ist unvernünftig, wenn sich Spieler bei kalten Außentemperaturen mit kurzer Trainingsbekleidung erwärmen.

Ralf Rangnick war mit seinem Trainingskonzept auf Schalke nicht erfolgreich.

Leistungsstarke und hoch trainierte Spieler benötigen meist eine längere Aufwärmphase. Das Gleiche gilt auch für ältere Spieler, die sich behutsamer aufwärmen sollten, da sich bei ihnen der Stoffwechsel langsamer anpasst. Eine wichtige Rolle spielt auch die Tageszeit, da der Körper biorhythmischen Schwankungen unterworfen ist. Da in der Regel in den Abendstunden trainiert wird, stellt sich der Körper darauf ein und entwickelt im Laufe des Nachmittags eine höhere Leistungsbereitschaft. Einer der häufigsten Fehler in der Aufwärmphase ist eine zu hohe Intensität. Spieler, die bereits in der Aufwärmphase in eine anaerobe Stoffwechsellage kommen, sind im weiteren Verlauf des Trainings eindeutig benachteiligt. Leistungssteigerungen sind nicht mehr möglich.

Kein Training ohne Aufwärmarbeit, denn:

- Ausdauer, Schnelligkeit und Kraft der Muskelkontraktion werden erhöht
- Die Bewegungskoordination, die Reaktionsschnelligkeit und die Beweglichkeit werden verbessert
- Die Leistungsbereitschaft wird erhöht
- Die Verletzungsanfälligkeit wird gesenkt

Zum Abschluss einer Trainingseinheit gehört immer die Abwärmphase. Die bei der körperlichen Belastung angefallenen Reststoffe der Energieumwandlung können abtransportiert werden. Die Muskulatur soll dadurch möglichst schnell wieder in einen Zustand der Entspannung gebracht werden. Neben der Verkürzung der Wiederherstellungszeit werden bereits die ersten Regenerationsprozesse eingeleitet. Neben dem üblichen Austraben können je nach vorangegangener Trainingsbelastung auch Ausgleichsgymnastik und Stretchingprogramme durchgeführt werden.

Ganz wichtig: Die Inhalte der Auf- und Abwärmprogramme sind stets in Bezug auf die bevorstehende oder vorangegangene Belastung abzustimmen. Verschiedene Trainingsprogramme erfordern unterschiedliche Maßnahmen der Vor- und Nachbereitung.

2.1. Aufwärmprogramme

Das allgemeine Aufwärmen

Im Fußball werden allgemeine und spezielle Aufwärmprogramme unterschieden. Bei den von mir in diesem Buch vorgestellten Trainingsmaßnahmen reicht ein allgemeines Aufwärmprogramm aus. Das allgemeine Aufwärmen beinhaltet die Tätigkeit von mehr als 1/6 bis 1/7 der gesamten Skelettmuskulatur. Dies ist beim lockeren Einlaufen oder Traben der Fall. Um eine optimale Betriebstemperatur zu erreichen, sollten die Spieler acht bis zehn Minuten traben (je nach Außentemperatur auch etwas länger).

Erst danach sollten auch fußballspezifische Bewegungsformen wie Richtungswechsel, abstoppende Bewegungen oder kurze vorsichtige Antritte durchgeführt werden. Als Nächstes folgen Dehnungsübungen, die später noch genauer beschrieben werden. Wichtig: besonders den zur Verkürzung neigenden Muskelgruppen sollte besondere Aufmerksamkeit geschenkt werden.

Bei nachfolgenden Sprintbelastungen sollten zusätzlich tonussteigernde Übungen (wird ebenfalls noch erklärt) in das Aufwärmprogramm aufgenommen werden. Je nach Trainingsinhalt kann nun mit dem Hauptteil begonnen werden. Steht ein Sprint, Sprung- oder Krafttraining an, sollten zunächst einige lockere Steigerungsläufe über 60 bis 80 Meter durchgeführt werden.

Der Steigerungslauf

Typisch für diese Trainingsform ist die so genannte progressive Steigerung der Laufgeschwindigkeit: Der erste Lauf wird mit 60%, der zweite mit 70–80% und der dritte bereits mit bis annähernd 90% der maximalen Sprintleistung absolviert. Und wie der Name schon sagt, handelt es sich bei einem Steigerungslauf um einen Lauf, bei dem die Geschwindigkeit langsam gesteigert wird. Erst die letzten 20 Meter werden mit der oben genannten Intensität durchgeführt.

Das von mir häufig zu Beginn des Trainings beobachtete Kreisspielen halte ich als Aufwärmarbeit für völlig ungeeignet. Zu schnell verführt der Ehrgeiz die Spieler zu extremen Bewegungen, die beim unzureichend aufgewärmten Körper zu Verletzungen führen können. Dies gilt besonders für die Wintermonate.

Das spezielle Aufwärmen

Das spezielle Aufwärmen schließt sich dem allgemeinen Teil an und bezieht sich auf die nachfolgenden fußballspezifischen Trainingsinhalte. Nicht immer sind die Aufwärmmaßnahmen für alle Spieler gleich durchzuführen. Spielern, die über eine längere Zeit verletzt waren, oder Spielern mit individuellen Problemen (z. B. extrem verkürzte Muskeln) muss die Möglichkeit gegeben werden, einige Minuten ein auf ihre Bedürfnisse zugeschnittenes Programm zu absolvieren. Auch wenn es sich beim Fußball um einen Mannschaftssport handelt, ist es hier die Aufgabe des Trainers oder des Konditionstrainers, die erforderlichen Maßnahmen zu treffen.

Die Trainerriege des Hamburger Sportvereins um Thomas Doll (Mitte) läuft voran und gibt das Tempo beim Auslaufen vor.

2.2. Abwärmprogramme

Auch die Abwärmphase sollte aktiv durchgeführt werden. Erst danach können auch passive Maßnahmen wie Entmüdungsbecken, Sauna oder Massage vorgenommen werden. Aktive Abwärmphasen sind viel wichtiger als passive. Kombinationen können ideal sein. Langsames Austraben eignet sich am besten. Die Zeitdauer sollte je nach Ermüdungszustand bis zu zehn Minuten betragen. Dieser Zeitraum gilt besonders nach hohen Kraftbelastungen wie Maximalkrafttraining. Des Weiteren kann eine Ausgleichsgymnastik oder Stretching durchgeführt werden, um die zuvor belastete und damit verkürzte Muskulatur wieder in ihren Ausgangszustand zu bringen. Besonderen in den Hochleistungsbereichen, wo ein tägliches Training durchgeführt wird, ist die durch Abwärmmaßnahmen eingeleitete Wiederherstellung der physischen Leistungsfähigkeit von besonderer Bedeutung. Nur so können Anpassungsprozesse eingeleitet werden, die zu einer erhöhten Leistungsfähigkeit führen.

Bei Stretchingprogrammen ist Folgendes zu beachten:
Nach einer großen physischen Anstrengung sollte kein Stretching durchgeführt werden. Denn völlig ermüdete Muskeln sind extrem empfindlich, so dass schon leichte Dehnübungen Schmerzen hervorrufen. Ursache: Die Muskeln spannen sich reflexartig an, um sich vor Überlastung zu schützen. In diesem Falle ist ein langsames Austraben viel besser.

Kapitel 3:
Das Ausdauertraining

Wer Sport treibt, braucht Ausdauer. Das gilt für den Fußballspieler in besonderem Maß. Schließlich steht er mindestens 90 Minuten auf dem Platz und ist dabei ständig in Bewegung. Ausdauer wird als Fähigkeit bezeichnet, eine muskuläre Leistung über einen möglichst langen Zeitraum zu erbringen, ohne dabei zu ermüden. Deshalb stellt die Ausdauer einen wichtigen Teilbereich der konditionellen Fähigkeiten dar. Nur mit ihrer Hilfe ist es möglich, ein ganzes Spiel über auf hohem Niveau zu arbeiten. Die durchschnittliche Laufleistung eines Spielers liegt zwischen neun und zwölf Kilometern, und vor allem die Spielmacher und Leistungsträger einer Mannschaft absolvieren die größten Laufleistungen. Die nachfolgende Tabelle, die von Waldemar Winkler während eines UEFA-Cup-Spiels des Hamburger SV gegen Inter Mailand erstellt wurde, kann dieses eindrucksvoll bestätigen.

Die Ausdauerleistung eines Fußballspielers hat nichts mit der eines Leichtathleten gemeinsam; beim Fußballspieler sollte diese Fähigkeit nicht maximal, sondern optimal trainiert werden. Ein zu stark akzentuiertes Ausdauertraining wirkt sich negativ auf die Schnelligkeitsleistung aus. Der Fußballspieler ist zwar ständig in Bewegung, muss aber immer in der Lage sein, spontan und schnell zu reagieren.

Meistertrainer alter Schule:
Arsene Wenger von Arsenal London

Spieler	Halbzeit	Gehen	Traben	schneller Lauf	sehr schneller Lauf	Gesamt
Altobelli (Inter)	1.	1896 m	1560 m	1024 m	550 m	5030 m
	2.	2070 m	1435 m	807 m	725 m	5037 m
Rummenigge (Inter)	1.	2288 m	1051 m	430 m	384 m	4153 m
	2.	2177 m	1056 m	460 m	260 m	3953 m
Wuttke (HSV)	1.	2091 m	1905 m	852 m	497 m	5345 m
	2.	1920 m	1937 m	558 m	565 m	4980 m
v. Heesen (HSV)	1.	795 m	4544 m	1343 m	497 m	7179 m
	2.	791 m	4187 m	1511 m	547 m	7036 m
Brady (Inter)	1.	1515 m	2891 m	1192 m	446 m	6044 m
	in der 56. min ausgewechselt					
Magath (HSV)	1.	900 m	3559 m	1716 m	652 m	6827 m
	in der 70. min ausgewechselt					

Es wird zwischen einer allgemeinen und einer lokalen Ausdauer unterschieden, wobei für den Fußballer vorwiegend die allgemeine Ausdauer eine Rolle spielt.

Für den Fußballspieler ist eine gute Grundlagenausdauer und eine gut entwickelte anaerobe Ausdauer sehr wichtig. Beide Formen bedingen sich gegenseitig. Ein Ausdauertraining bewirkt im Körper bestimmte Vorgänge, über die Trainer und Spieler Bescheid wissen sollten.

3.1. Der Muskelstoffwechsel

Der Muskel leistet Arbeit, indem er kontrahiert. Ebenso wie ein Motor muss die Muskulatur aber mit »Treibstoff« versorgt werden, um arbeiten (kontrahieren) zu können. Besonders bei Ausdauerbelastungen spielt die Energieversorgung eine entscheidende Rolle. So muss der Körper bei intensiven Belastungen auf hochwertige Energiequellen zurückgreifen können und bei lang andauernden Belastungen muss immer ausreichend Energie vorhanden sein.

Dem Organismus stehen deshalb unterschiedliche Energiespeicher zur Verfügung:

- Phosphate
- Kohlenhydrate
- Fette

Zu den Phosphaten zählen das Adenosintriphosphat (ATP) und das Kreatinphosphat (KrP). Die Phosphatspeicher erlauben eine Gesamtarbeitszeit von etwa 20 Sekunden, wobei das ATP nur bis zu drei Sekunden für die Muskelkontraktion zur Verfügung steht. Sie werden ohne Beteiligung von Sauerstoff (anaerob) abgebaut. Bei der Energiebereitstellung wird – wie schon beschrieben – zwischen anaerob – ohne Beteiligung von Sauerstoff – und aerob – mit Beteiligung von Sauerstoff – unterschieden.

Die wichtigste sofort verfügbare Energiequelle des Körpers stellen die Kohlenhydrate dar, die in verschiedenen Depots gespeichert werden, als da wären:

- im Muskel das Muskelglykogen
  etwa 350 g bei Untrainierten und 650 g bei Ausdauertrainierten
- in der Leber das Leberglykogen
  80 g bei Untrainierten und 120 g bei Ausdauertrainierten
- im Blut die Blutglukose
  sie dient vor allem der Konstanthaltung des Blutzuckerspiegels und der Glukosezufuhr für den Gehirnstoffwechsel.

Kohlenhydrate können sowohl aerob als auch anaerob abgebaut werden. Im Muskel sind etwa 270 mmol/kg Glykogen für anaerobe Belastungen gespeichert, was eine Belastungszeit von bis zu 80 Sekunden erlaubt. Die Glykogenreserven für aerobe Belastungen reichen für eine Belastungsdauer von etwa 90 Minuten, da die Speichermenge bis zu 3000 mmol/kg beträgt.

Die wichtigste Energiereserve des Körpers stellen schließlich die Fette dar, deren Depots von Mensch zu Mensch unterschiedlich groß sind. Beim Fettstoffwechsel werden die freien Fettsäuren verwertet, die so ausreichend vorhanden sind, dass sie sogar extreme Ausdauerbelastungen ermöglichen.

3.2. Aerobe und anaerobe Ausdauer

Von aerober Energiegewinnung spricht man, wenn dem Körper für die zu leistende Arbeit immer genügend Sauerstoff zur Verfügung steht. Dies erfolgt durch die oxidative Verbrennung von Glykogen und Fettsäuren, die nach etwa einer Minute einsetzt. Leistungsbegrenzende Faktoren bei der aeroben Ausdauer sind:

- die maximale Sauerstoffaufnahme
- die Qualität der Stoffwechselgewinnung
- die Höhe der aerob-anaeroben Schwelle

Auch bei einer aeroben Belastung wird am Anfang eine Sauerstoffschuld eingegangen. Das entstandene Sauerstoffdefizit wird am Ende einer Belastung aber durch eine Sauerstoffmehraufnahme kompensiert.

Je nach Belastungsintensität wird die Energie auch anoxidativ (d. h. es ist zu wenig Sauerstoff für die Verbrennung vorhanden) bereitgestellt. Man spricht in diesem Falle von anaerober Energiebereitstellung. Das ist vor allem bei den im Fußball sehr häufig vorkommenden Belastungen mit einem zeitlichen Umfang von bis zu einer Minute der Fall. Geht die anaerobe Belas-

Ein Spieler beim Bauchmuskeltraining. Er hebt den Oberkörper zu hoch an, belastet damit unnötig stark die Wirbelsäule.

Die französische Nationalmannschaft rund um Superstar Zinedine Zidane und Willy Sagnol beim Ausdauertraining. Das Trainingskonzept der Franzosen galt lange Zeit als vorbildlich.

tung über einen Zeitraum von 25 Sekunden hinaus, setzt die anaerobe Glykolyse ein, bei der dann Laktat entsteht. Fällt Laktat an, kommt es zur Übersäuerung der Muskulatur, die sehr schnell zu einer Verminderung der Leistungsfähigkeit oder sogar zum Leistungsabbruch führen kann. Bei Belastungen unter 25 Sekunden Dauer spricht man von anaerober alaktazider Energiebereitstellung, sie kommt im Fußball am häufigsten vor.

Bei Belastungen bis zu 80 Sekunden überwiegt die anaerobe Energiegewinnung. Dauern die Belastungen noch länger, übernimmt die aerobe Energiegewinnung immer mehr Anteile, wobei die Übergänge fließend sind und natürlich von der individuellen Leistungsfähigkeit abhängen.

Die anaerobe Energiegewinnung
Die anaerobe Energiegewinnung steht am Beginn jeder intensiven sportlichen Belastung. Diese Art der Energiegewinnung läuft ohne Laktatbildung ab und dauert etwa 20 Sekunden. Auf diese Art wird ein großer Teil der Energie beim Fußballspielen bereitgestellt. Wenn die ATP-Reserven erschöpft sind, werden die Kreatinphosphat-Vorräte aufgebraucht, die mit dem ADP neues ATP aufbauen. Sind auch sie erschöpft, setzt die anaerobe Glykolyse ein, die den bereits beschriebenen Nachteil der Laktatbildung mit sich bringt. Der anaerobe Glykogenabbau erreicht nach 40–60 Sekunden sein Maximum.

Die höchsten Laktatwerte treten bei einem 400-m-Lauf auf. Bei Hochleistungssportlern wurden dabei schon Werte von 25 mmol/l Blut gemessen. Bei Fußballspielern liegen die höchsten Laktatwerte nach einem Spiel bei etwa zehn mmol/l Blut. Diese Tatsache untermauert die eingangs aufgestellte These, dass ein Fußballspieler keine maximale, sondern eine optimale Ausdauerleistungsfähigkeit besitzen sollte. Leichte körperliche Aktivität unterstützt den Laktatabbau, was für ein Auslaufen nach einer harten körperlichen Belastung spricht.

Die aerobe Energiegewinnung
Bei geringen Belastungen, die über 60 Sekunden hinausgehen, setzt die aerobe Energiebereitstellung ein. Die aeroben Stoffwechselprozesse spielen sich in den Mitochondrien ab, die auch als Kraftwerke der Zellen bezeichnet werden. Die Fett- und Kohlenhydratspeicher dienen als Energielieferanten. Vorteil der aeroben Energiegewinnung ist eine hohe Energieausbeute und der unproblematische Abbau der Stoffwechselendprodukte Kohlendioxid und Wasser. Die Glykogenreserven sind erst nach etwa 90 Minuten erschöpft. Danach stehen dem Energiestoffwechsel die freien Fettsäuren in fast unbegrenztem Maße zur Verfügung. Fette können nur aerob abgebaut werden und kommen als Energieträger daher nur bei sehr niedriger Intensität zum Einsatz. Werden langsame Ausdauerbelastungen durchgeführt, setzt die Aktivierung des Fettstoffwechsels nach etwa 15 bis 30 Minuten ein. Die Glykogenverbrennung stellt also die ökonomischste Energiegewinnung dar. Die größten Energiedepots weisen allerdings die Fette auf.

Der Unterschied zwischen trainierten und untrainierten Personen ist, *dass untrainierte zunächst die Glykogendepots ausschöpfen, während trainierte in der Lage sind, relativ früh auf die Fettreserven zurückzugreifen, und damit die Glykogenreserven schonen.*

Je höher der belastungsintensive Anteil eines Fußballspiels ist, desto höher fällt auch der Laktatwert aus. Die Laktatleistungskurve gibt wesentliche Auskünfte über die Leistungsfähigkeit des Spielers. Der wichtigste Effekt eines Ausdauertrainings ist, auch bei hohen Belastungsintensitäten arbeiten zu können, ohne dass es zu einem Anstieg des Laktats kommt.

Ein Training im Bereich des aerobanaeroben Übergangs hat sich zur Entwicklung der Ausdauerleistungsfähigkeit als besonders wirksam erwiesen, da die Anpassungen des Herz-Kreislauf-Systems dann sehr effizient sind.

3.3. Die Auswirkungen eines Ausdauertrainings auf die Leistungsfähigkeit des Fußballspielers

Durch ein ausreichend intensives Ausdauertraining kommt es im Laufe von Monaten und Jahren zu Anpassungserscheinungen (Adaptationen) bei der Skelettmuskulatur, im Herz-Kreislauf-System und bei einigen Organen. Die Adaptationen in den einzelnen Bereichen laufen unterschiedlich

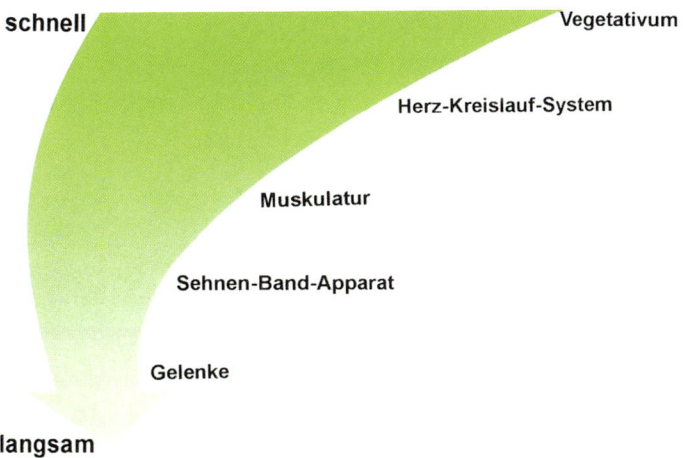

schnell ab, wie man der Abbildung auf S. 29 entnehmen kann.

Die konstante sportliche Belastung führt zunächst zu einer Störung des biologischen Gleichgewichts, die auch als Homöostasestörung bezeichnet wird. In der Phase der Erholung kommt es dann zu Adaptationen, die zu einem höheren Leistungsstand führen.

Bei einem Ausdauertraining werden hauptsächlich die langsam reagierenden ST-Fasern (Slow-twitch-Fasern) beansprucht.

Im Fußball spricht man je nach Faseranteil von einem »Sprintertyp« (hoher Anteil an FT-Fasern) und einem »Ausdauertyp« (hoher Anteil an ST-Fasern). Dem Ausdauertyp fallen Ausdauerbelastungen natürlich sehr viel leichter, da er belastbarer ist und über eine bessere Erholungsfähigkeit verfügt. Bei Schnelligkeits- und Sprintbelastungen hingegen erholt er sich sehr viel langsamer als ein Spieler, der über einen hohen Anteil an FT-Fasern verfügt. Diesem hingegen fallen Ausdauerbelastungen entsprechend schwer.

Gerade im Fußball, wo häufig im Mannschaftsverband trainiert wird, kann es zu einer völlig unterschiedlichen Auslastung der Beteiligten kommen. Während ein Trainingsreiz für den einen Spieler optimal sein kann, kann es für den anderen zu Über- oder Unterbelastungen kommen. Aus diesem Grunde sollte sich der Sprintertyp bei Ausdauerbelastungen, im Vergleich zum Ausdauertypen, zurückhalten, da er viel schneller ermüdet, was an einem erhöhten Laktatanfall objektiv messbar ist. Er trainiert dann anstelle der aeroben Ausdauer die anaerobe Ausdauer und verfehlt damit sein Trainingsziel. Wird im Training die spezielle Ausdauer des Fußballspielers, nämlich

Trotz kalter Witterung tragen manche Spieler des 1. FC Köln kurze Hosen. Folge: Die Verletzungsgefahr steigt und ein vernünftiges Sprinttraining ist mit unterkühlten Muskeln nicht möglich.

Trainer Peter Neururer macht es vor: Seilspringen – richtig ausgeführt – ist eine sehr gute Trainingsmethode, um Sprung-, Schnellkraft und Kraftausdauer zu schulen.

die Schnellkraftausdauer, trainiert, muss der Sprintertyp wissen, dass er im Vergleich zum Ausdauertypen eine längere Pause bei den für diese Trainingsform typischen kurzen Antritten benötigt. Auf die trainingsspezifischen Besonderheiten wird später noch ausführlich eingegangen.

Die Wirkungen eines Ausdauertrainings auf die Skelettmuskulatur lassen sich wie folgt beschreiben:

- Vermehrung der energiereichen Phosphate ATP und Kreatinphosphat
- Vergrößerung des Glykogenhaushalts (z. B. Kohlenhydrate)
- Vergrößerung des Myoglobingehalts
- Vermehrung und Vergrößerung der Mitochondrien
- Aktivitätssteigerung der aerob wirksamen Enzyme
- Qualitative Veränderungen des Stoffwechsels bei Arbeit

3.4. Die Auswirkungen auf das Herz

Im Rahmen eines Ausdauertrainings kommt es sowohl beim Freizeit- als auch beim Leistungssportler zu einer Senkung der Herzfrequenz. Grund dafür ist die Umstellung des menschlichen Körpers von einem auf Leistung ausgerichteten (sympathikotonen) Typ zu einem auf Erholung ausgerichteten (vagotonen) Typ. Dafür sind zwei Faktoren verantwortlich. Die Senkung der Erregerstoffe, auch Sympathikusstoffe genannt, und die Erhöhung der für die Erholung des Herzens zuständigen Vagusstoffe (Acetylcholin).

Sympathikusstoffe sind Katecholamine wie das Adrenalin. Die Freisetzung dieser Stoffe führt zu einer Herzfrequenzsteigerung. Katecholamine verbrauchen sehr viel

Sauerstoff und rufen auf diese Weise im Herzen einen Sauerstoffmangel hervor. Dieser führt natürlich zu einer geringeren Leistungsfähigkeit.

Durch ein Ausdauertraining kann die Freisetzung von Katecholaminen um über 30 % gesenkt werden, wodurch das Herz weniger empfindlich auf die Erregerstoffe reagiert. Beide oben genannten Faktoren lassen das Herz sowohl in Ruhe als auch unter Belastung weniger arbeiten. Das Herz arbeitet ökonomischer.

Die in Ruhe registrierten Herzfrequenzwerte (Hf) von Leistungssportlern:

Sportart	Ruhe-Hf/min
Marathonlauf	45 ± 5
Straßenradsport	47 ± 5
Rudern	48 ± 5
Eisschnelllauf	50 ± 7
Mittelstreckenlauf	50 ± 9
Schwimmen	51 ± 8
Fußball	56 ± 9
Gewichtheben	64 ± 8

Im Vergleich dazu liegen die Ruhepulswerte von Untrainierten bei 70 bis 80 Schlägen pro Minute.

Ausdauerbelastungen führen zu einer Vergrößerung des Herzmuskels. Sowohl die Saug- als auch die Druckphase werden deutlich verlängert. Das Schlagvolumen (die Menge Blut, die bei einer Kontraktion ausgeworfen wird) vergrößert sich ebenfalls. Das Herz benötigt weniger Sauerstoff zur Verrichtung der Arbeit, wird jedoch erheblich länger durchblutet. In diesem Zusammenhang spricht man von einer Luxusdurchblutung. Das Herz wird widerstandsfähiger gegen Sauerstoffmangel.

3.5. Das Sportherz

Im Allgemeinen ist ein vergrößertes Herz ein krankes Herz oder die Folge krankhafter Veränderungen im Körper. Es gibt nur eine Ausnahme: das Sportherz.

Die physiologische Herzvergrößerung des Ausdauersportlers nimmt eine Sonderstellung ein, da es sich um ein strukturell intaktes Organ handelt, das höchsten Anforderungen an seine Pumpfunktion erfüllen kann. Nur Ausdauerbelastungen mit relativ hoher Intensität führen im Laufe von Monaten und Jahren zur Sportherzbildung. Das Ausmaß der physiologischen Herzvergrößerung kann dabei bis zu 70 % betragen. Aufgrund der immer höher werdenden Trainingsumfänge finden sich Sportherzen auch in Sportarten, bei denen vorwiegend die Fähigkeiten Kraft, Schnellkraft und Koordination beansprucht werden, wie etwa im Fußball. Das gerade im Fußballausdauertraining typische Intervalltraining wirkt in hohem Maße herzkräftigend, während es beim Dauerleistungstraining infolge besonders ausgeprägter Adaptationen in der Peripherie auch zu einer stärkeren Herzentlastung kommt.

Die Gesundheit des Sportherzens ergibt sich aus folgenden Kriterien:

1. Das Herz verfügt über eine hohe Funktionstüchtigkeit als Muskel und Pumpe. In der Ausbelastung ist ein überdurchschnittlicher Blutauswurf (Herzzeitvolumen) möglich.
2. Der Herzmuskel ist bei mikroskopischer Untersuchung einwandfrei.
3. Der Herzmuskel ist sehr gut durchblutet (Luxusdurchblutung) und überdurchschnittlich widerstandsfähig gegenüber Sauerstoffmangel.
4. Es herrscht ein normaler Herzinnendruck.
5. Diagnostische Befunde wie Elektrokardiographie, Herztonaufzeichnungen u. a. ergeben Normalbefunde. Abweichungen sind normal.
6. Es besteht eine spontane Rückbildungsfähigkeit. Beim Ausbleiben der Reize, die die Sportherzbildung auslösen, erfolgt eine Rückbildung der Herzgröße und -funktion auf normale Werte.

7. Das Herz ist gesünder, widerstandsfähiger und lebt länger.
Durch Vergrößerung der Herzhöhlen und Verdickung der Herzwände kommt es im Laufe der Zeit zu einem harmonischen Wachstum aller Herzabschnitte. Außerdem tritt eine Vermehrung des Myoglobingehalts in der trainierten Herzmuskelfaser ein und der Sauerstofftransport zwischen Kapillaren und Mitochondrien wird erleichtert. Nach Beendigung des Leistungssports ist es sehr wichtig, dass der hoch Ausdauertrainierte seine sportliche Betätigung nicht abrupt abbricht, da es sonst zu psychosomatischen Sportentzugserscheinungen kommen kann. Die Folgen: Kreislaufkollaps, Rhythmusstörungen, Pseudo-Angina pectoris, Unruhe, Angst und Schlaflosigkeit.

Eintracht Frankfurt beim speziellen Koordinationstraining an der Algarve

Die Bayern-Spieler Lucio und Roque Santa Cruz warten auf ihren Einsatz.

3.6. Die Durchblutung des Herzens

Der Herzmuskel macht etwa 0,5 % der Körpermasse aus, benötigt aber unter Ruhebedingungen 5 % des Herzminutenvolumens, also des von ihm selbst beförderten Blutes. Kommt es zu hohen motorischen Anforderungen, muss sich die Förderleistung des Herzens vervielfachen, was eine zuverlässige Durchblutung und Sauerstoffversorgung notwendig macht. Bei einem Fußballer mit zunehmender Ausdaueranpassung kommt es zur Verbesserung der Voraussetzungen für die Sauerstoffversorgung des Herzmuskels. Diese besteht aus einer zunehmenden Verminderung des Sauerstoffbedarfs bei einer vergleichbaren Herzleistung und einer Vergrößerung des Gefäßbettes.

Der Energieverbrauch des trainierten Herzens ist sowohl in Ruhe als auch unter Belastung erheblich niedriger (bis zu 50 %) als bei einem untrainierten Herzen. Die trainingsbedingte Verbesserung der Gefäßversorgung des Herzens mit den positiven Konsequenzen für die Durchblutung führt dazu, dass auch bei höchster Belastung der Herzmuskel immer gut durchblutet wird.

Der Herzmuskel ist auf eine ununterbrochene Tätigkeit spezialisiert. Er besteht zum größten Teil aus ST-Fasern und arbeitet fast ausschließlich aerob. Der trainierte Herzmuskel verfügt über eine gesteigerte Konzentration an Myoglobin (roter Blutfarbstoff). Damit verbessert sich die Transportkapazität für Sauerstoff innerhalb der Zelle. Außerdem verfügt der Körper über eine höhere Sauerstoffreserve. Hinzu kommt eine Massenzunahme der Mitochondrien, in denen der oxidative Stoffwechsel stattfindet. Dadurch erhöht sich die Sauerstoffverwertung. Die größere aerobe Kapazität ermöglicht eine hochgradige Laktat- und Fettsäurenverwertung bei höchster Stoffwechselaktivität.

Unter Ruhebedingungen arbeitet das gut trainierte Herz im Schongang. Auch bei submaximalen Anforderungen, wie sie im Laufe eines Fußballspiels sehr häufig vorkommen, sinkt die Herzschlagfrequenz. Die Senkung der Herzfrequenz ist verbunden mit einem erhöhten Sauerstoffpuls. Der Sauerstoffpuls definiert sich als die Menge Sauerstoff, die mit einem Herzschlag ausgeworfen, transportiert und verwertet wird.

Bei maximaler Leistung wird die Kapazität des Herzens voll ausgenutzt. Ein gesunder trainierter Mann, der sich im Höchstleistungsalter befindet, erreicht Minutenvolumina von 20 Litern. Im Verlauf eines Trainingsprozesses kommt es zu Anpassungen, die Werte von mehr als 40 Litern in der Minute zulassen, was einer maximalen Sauerstoffaufnahme von sechs Litern entspricht. Die maximale Herzschlagfrequenz liegt bei Werten zwischen 180 und 220 Schlägen pro Minute und sinkt mit steigender Ausdauerleistungsfähigkeit.

3.7. Der Kreislauf

Die Aufgabe des Kreislaufs ist es, einen geregelten Stoff- und Energietransport zu gewährleisten. Hauptnutzer beim Sport ist die Skelettmuskulatur. Die Arbeit des Kreislaufs ist beim Sportler den hohen Ansprüchen der tätigen Muskulatur angepasst. Die trainingsbedingten Veränderungen der Herzfunktion müssen natürlich mit dem Kreislauf abgestimmt sein. Dabei verhält sich der Kreislauf etwas passiver als das

Scheiterte bereits mehrmals mit seinen Trainingskonzepten: Giovanni Trapattoni

Herz und die Anpassungserscheinungen sind nicht so stark ausgeprägt. Unter Ruhebedingungen strömen etwa 20 % des Blutes durch die Muskulatur, bei hohen Anforderungen an große Muskelpartien sind es mehr als 90 %. Gleichzeitig wird der Blutstrom durch nicht belastete Gewebe, wie Magen, Leber und Niere, gedrosselt. Nur das Gehirn wird immer gleich bleibend durchblutet.

Zu den wichtigsten Anpassungserscheinungen gehört die Steigerung der Reserven. Es bilden sich neue Gefäße und die vorhandenen passen sich besser an, indem sie sich viel leichter ausdehnen. Dadurch steigt die Transportkapazität des Blutes. In Ruhe fließt das Blut bei Trainierten um bis zu 50 % langsamer durch den Kreislauf.

Die Kapillaren
Wie Flüsse auf einer Landkarte schlängeln sich die Gefäße durch den ganzen menschlichen Körper. Von der großen, direkt vom Herzen wegführenden Aorta bis hin zu den nur Millimeter dünnen Verästelungen des Kapillarnetzes kommen mehr als 140 000 Kilometer zusammen. Ein ausgeklügeltes Kanalisationssystem mit einer Gesamtoberfläche von rund 400 Quadratmetern.

Gesunde Gefäße sind elastisch und muskulös. Wie ein Gartenschlauch passen sie sich unterschiedlichen Drucksituationen an, weiten sich oder ziehen sich zusammen. Mit einem Durchmesser von 1,5 Zentimetern ist die Halsschlagader am größten. Zu den dünnsten Gefäßen gehören die Haargefäße, die ihrem Namen alle Ehre machen und nur rund 0,3 Millimeter dick sind. Ob dick oder dünn, in ihrem Aufbau sind alle Gefäße identisch. Sie bestehen aus einer dreischichtigen elastischen Wand. Die Innenschicht ist spiegelglatt. Das muss sie auch sein, denn nur so kann der rote Lebenssaft ungehindert fließen. Die äußere Wand besteht aus einer Muskelschicht, die für die nötige Flexibilität sorgt.

In den Kapillaren findet der Stoff- und Energieaustausch mit den Geweben statt.

Intensives Bauchmuskeltraining der deutschen Nationalkicker im Trainingslager.

Viele Spieler neigen zu verkürzten Muskeln, weil sie zu selten und nicht richtig dehnen. Hier Jurica Vvranjes, Aaron Hunt (links) und Ivan Klasnic (Mitte).

Die Intensität des Energieaustausches hängt von der Kapillardichte ab. Muskeln, die einen höheren Anteil an ST-Fasern haben, verfügen über eine höhere Gefäßdichte als Muskeln, die überwiegend eine FT-Faserausstattung besitzen. Die mögliche Blutversorgung eines Muskels wird somit entscheidend vom Fasertyp bestimmt. Ein Ausdauertraining führt zur Ausbildung neuer Kapillaren, die Anschluss an das Gefäßnetz finden. Die Kapillaren werden nur auf Anforderung genutzt, so dass ein gewisser Teil des Kapillarbettes sich in potentieller Bereitschaft befindet und nur bei hohen Stoffwechselanforderungen zum Einsatz kommt. Nach einer hohen Belastung des Skelettmuskels ist eine deutliche Gefäßerweiterung im Computertomogramm sichtbar. Das Blut, das den Muskel verlässt, ist dadurch hochgradig sauerstoffgesättigt. Diese Mehrdurchblutung im Anschluss an eine Belastung ermöglicht eine viel schnellere Regeneration.

Das periphere venöse System
Im Rahmen der Kreislaufregulation ist das Venensystem dafür zuständig, das Blutangebot dem aktuellen Bedarf des Herzens anzupassen. 80 bis 85 % des absoluten Blutvolumens befinden sich auf der venösen Seite des Gefäßsystems. Ein Ausdauertraining bewirkt eine Vergrößerung der venösen Kapazität. Das Venensystem erfüllt beim Ausdauersportler angesichts der bis zu 50-%igen Steigerung des totalen Blutvolumens eine wichtige Funktion als Blutdepot.

3.8. Die Atmung

Atmung nennt man den Verbrauch von Sauerstoff unter Bildung von Kohlendioxid und Wasser. Die äußere Atmung umfasst dabei die gesamte Sauerstoffversorgungskette, die durch den Gasaustausch zwischen

Organismus und Umwelt sowie zwischen den Körpergeweben und dem umgebenden Medium gekennzeichnet ist. Hinzu kommt die Sauerstofftransportfunktion des Kreislaufs. Unter innerer Atmung versteht man die biologische Oxidation, die maßgebliche Methode der Energiewandlung durch die Körperzellen. Äußere und innere Atmung sind aufeinander abgestimmt. Verstärktes Atmen ist das sichtbarste äußere Zeichen einer intensiven sportlichen Belastung. Grund: Der Muskel braucht mehr Sauerstoff und kurbelt den Stoffwechsel an. Vor allem die Lunge ist jetzt gefordert.

Die Leistungsfähigkeit der Lungen wird bestimmt durch:

- die Oberfläche der gaswechselnden Alveolen (Lungenbläschen)
- die Dichte des Kapillarbettes
- die Durchlässigkeit der Membran zwischen Luft und Blut für Sauerstoff.

Der Mensch verfügt über ca. 300 Millionen Alveolen, die eine Gesamtoberfläche von 50 bis 80 Quadratmetern einnehmen. Sie sind die letzten Aufzweigungen der Atemwege und stellen den Umschlagplatz für Sauerstoff und Kohlendioxid dar. Zusätzlich besitzen sie eine Filterfunktion und halten Schmutzpartikel, die sich in der Luft befinden, zurück. Bei einem in Ruhe befindlichen Körper und somit niedrigem Atemvolumen ist nur ein Teil der Alveolen aktiv. Kommt es zu einer Belastung und damit zu einer verstärkten Atmung (Ventilation), nehmen alle Alveolen am Gasaustausch teil. Die Alveolaroberfläche vergrößert sich. Alle diese Vorgänge funktionieren bei einem Trainierten erheblich besser als bei einem Untrainierten.

Die wichtigsten Auswirkungen eines Ausdauertrainings auf das Herz-Kreislauf-System auf einen Blick:

- vergrößertes Schlag- und Herzvolumen
- vergrößertes maximales Herzvolumen
- verlängerte Systolen- und Diastolenzeiten (Luxusdurchblutung)
- verminderte Katecholaminfreisetzung
- vergrößerte ventilatorische Lungenkapazität
- verbesserte Atmungsökonomie
- vergrößertes Blutvolumen
- größerer Hämoglobingehalt (roter Blutfarbstoff)
- größerer maximaler Sauerstoffpuls

3.9. Nasenatmung und Mundatmung

Luft kann man sowohl durch den Mund als auch die Nase einatmen. Aufgrund der zuverlässigeren Heiz- und Kühlfunktion, der Filterwirkung und dem Anfeuchten der Atemluft bietet die Nase einige Vorteile. Trotzdem ist die Nasenatmung im Sport, besonders bei Ausdauerbelastungen, nicht durchzuhalten. Die Erklärung dafür ist relativ einfach: Bei der Nasenatmung ist der Widerstand des Luftstromes stark erhöht. Schon in Ruhe beträgt der Widerstand das Zwei- bis Dreifache der Mundatmung. Bei gesteigerter Ventilation durch körperliche Anstrengung erhöht sich dieser Wert noch einmal beträchtlich. Da keine Nachteile durch die Mundatmung bekannt sind (auch bei der Mundatmung kommt die Luft gut temperiert in der Lunge an), ist gegen ihre Anwendung nichts einzuwenden.

3.10. Die Temperaturregulation

Als Warmblüter ist der Mensch auf eine konstante Körperkerntemperatur angewiesen. Sie liegt bei einem Sollwert von 37 °C

Roy Keane von Celtic Glasgow: oben rum dick eingepackt, aber mit kurzer Hose – unverständlich

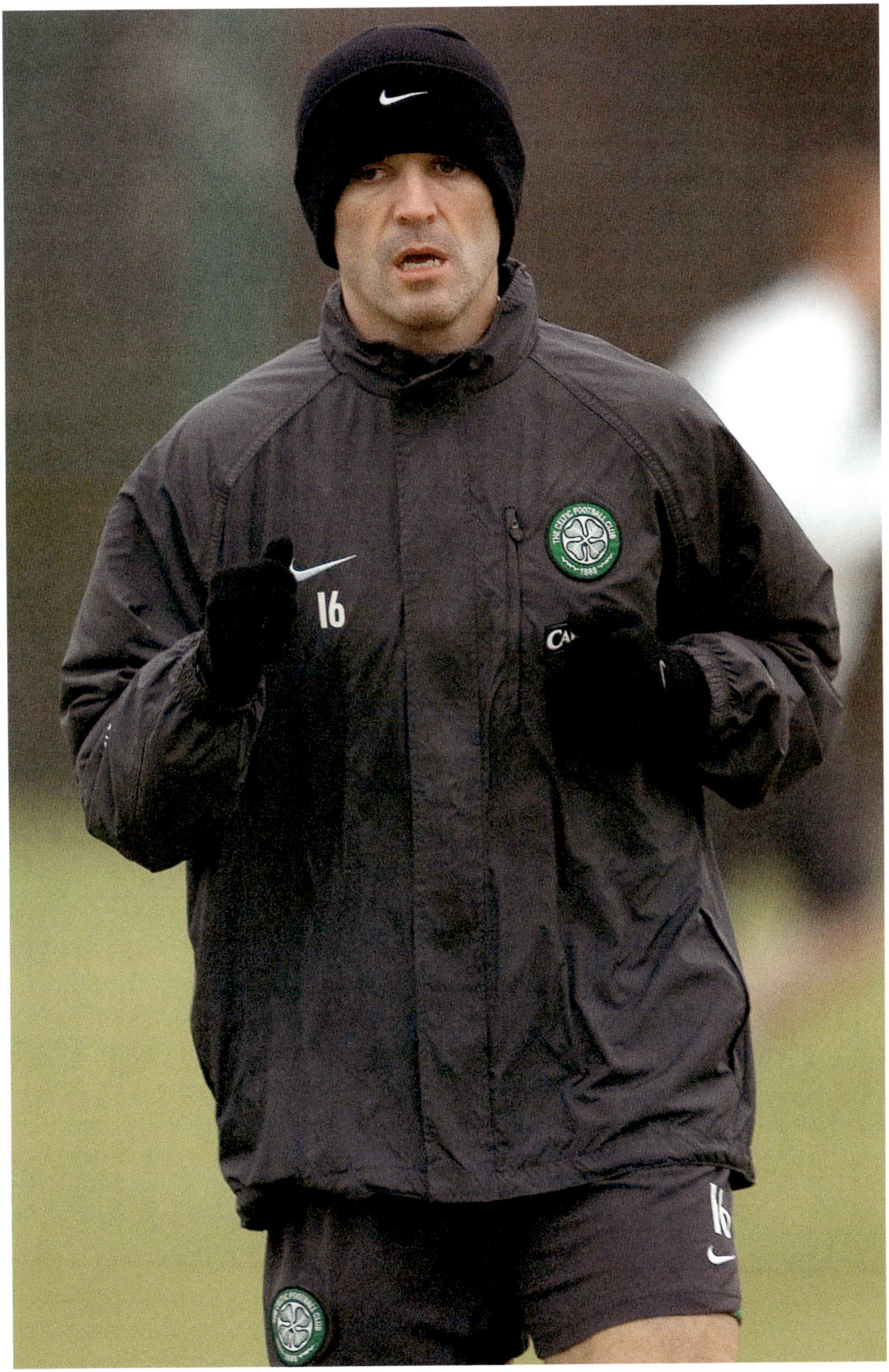
16
16

Trainiert bis zur vollen Erschöpfung: Ruud van Nistelrooy von Manchester United

Kleidung schützen kann. Leider ist es im Fußball immer noch häufig anzutreffen, dass selbst bei sehr kühlen Außentemperaturen mit kurzen Hosen trainiert wird. Aufgrund der erheblich gesteigerten Verletzungsanfälligkeit sollte dies, zumindest im Winter, vermieden werden.

Eine ausdauernde muskuläre Beanspruchung führt zu einer Stoffwechselsteigerung und damit zu einer gesteigerten Wärmebildung. Bei der Erwärmung des Körpers durch Bewegung kommt es aufgrund der positiven Wärmebilanz zu einem Wärmestau. Die Erhöhung der Körperkerntemperatur hat in diesem Fall aber nichts mit Fieber zu tun und stellt somit keinen Grund zur Besorgnis dar. Eine Erhöhung der Körperkerntemperatur von 39 °C wird bereits bei einer fünfminütigen intensiven Belastung erreicht, 40 °C nach einer zehnminütigen intensiven Belastung. Die Wärme verteilt sich dabei nicht gleichmäßig im Körper. Besondere Erwärmung erfährt die Arbeitsmuskulatur, deren Temperatur noch einmal 1,5 °C über der Kerntemperatur liegen kann. Da dieses Gewebe weniger empfindlich ist als das Nervensystem, sind zwar keine dauerhaften Schäden zu befürchten, allerdings ist bei einer extremen belastungsbedingten Tem-

und damit zumeist erheblich über der Umgebungstemperatur in unseren Breitengraden, ist aber von dieser weitgehend unabhängig. Beim sportlichen Training ist nur die Temperatursteigerung von Bedeutung.

Unterkühlung spielt keine Rolle, da man sich gegen Kälte durch dementsprechende

peratursteigerung mit einer Beeinträchtigung der Muskelleistung zu rechnen.

3.11. Was Schwitzen mit dem Körper macht

Dehydration ist der Wasserverlust des Organismus. Körperliche Belastung und die Erhöhung der Körperkerntemperatur führen zum Schwitzen. Ein Kilogramm Gewichtsverlust bedeutet für den Sportler im Durchschnitt eine Einbuße von 870 Gramm Körperwasser. Je nach Außentemperatur kann man während eines Fußballspiels oder einer extensiven Trainingseinheit bis zu fünf Liter Flüssigkeit verlieren.

Starker Schweißverlust, der zu einer negativen Wasserbilanz führt, reduziert die Leistungsfähigkeit. Dagegen wirkt sich ein leichter Schweißverlust sogar vorteilhaft aus.

Das Blut liefert das Wasser für die Schweißdrüsen. Die Veränderung des Blutvolumens durch Schweißverlust hängt vom Trainingszustand ab: Bei Ausdauertrainierten zeigt sich als Anpassungserscheinung, dass sie auch bei höheren Graden der Dehydration das Blutvolumen konstant halten oder sogar vergrößern können.

Bei normalen Belastungen hat sich Mineralwasser oder Apfelsaftschorle als bestes Getränk herausgestellt, um den Flüssigkeitsverlust wieder auszugleichen oder gar nicht erst entstehen zu lassen. Als ideal vor, während und nach einem Spiel oder sehr anstrengendem Training haben sich kohlenhydratreiche Getränke erwiesen. Besonders vor einem Spiel sind viele Spieler, aufgrund des völlig normalen nervösen Vorstartzustands, nicht in der Lage, feste kohlenhydratreiche Nahrung zu sich nehmen. Getränke haben zudem den Vorteil, dass die muskeleigenen Glykogenspeicher, die sofort verfügbar sind, geschont werden. Die Getränke sollten nach einem Training oder Spiel möglichst sofort eingenommen werden, da die Aktivität der glykogenaufbauenden Enzyme dann am höchsten ist. Doch Vorsicht: Nicht jeder Spieler kann diese Getränke vertragen.

Ein erhitzter Sportler bevorzugt kalte Getränke. Das ist völlig okay. Nur eiskalt sollten die Getränke nicht sein. Langsam trinken ist sehr wichtig. Am besten 0,2 bis 0,3 Liter alle 20 Minuten. Mehr können die Nieren sowieso nicht verarbeiten. Heißgetränke sind ebenfalls in Ordnung, führen aber oft zu Schweißausbrüchen. Kühle Getränke reduzieren dagegen das Schwitzen nachhaltig. Bei starkem Schweißverlust sollte natürlich bewusst viel getrunken werden. Denn Durst ist immer Ausdruck einer negativen Wasserbilanz.

3.12. Die Grundmethoden des Ausdauertrainings

Drei Grundmethoden des Ausdauertrainings kommen beim Fußball hauptsächlich zum Einsatz: die Dauermethode, die Intervallmethode und die Spielmethode.

Die Dauermethode
Die Dauermethode ist charakterisiert durch eine ununterbrochene, trainingswirksame Belastung über eine lange Zeitspanne. Der Trainingseffekt liegt in einer verbesserten Koordination (Einschleifung eines motorisch-dynamischen Stereotyps) und damit einer wirtschaftlicheren Bewegungsausführung. Auch die Organe arbeiten besser. Psychisch gesehen schult die Dauermethode die Gewöhnung an die Arbeitsmonotonie. Der Körper entwickelt eine größere aerobe Kapazität.

Es wird zwischen der extensiven und der intensiven Dauermethode unterschieden. Bei der extensiven Dauermethode wird mit relativ geringer Intensität und hohem Umfang trainiert, um auf diese Weise Anpassungen im Bereich des Fettstoffwechsels zu erreichen. Sie kommt vorwiegend in der Vorbereitungsperiode oder als Erhaltungstraining zum Einsatz, wobei fast ausschließlich im Bereich der aeroben Schwelle trainiert wird.

Die Effekte dieser Art des Trainings lassen sich wie folgt zusammenfassen:

- Je besser die Fettverbrennung entwickelt ist, desto schneller erfolgt der Prozess der Wiederherstellung der für kurzfristige, explosive Aktionen notwendigen energiereichen Phosphate.
- Je besser die Regenerationsfähigkeit, desto schneller werden die im Muskel und im Zentralnervensystem anfallenden Ermüdungsstoffe Laktat bzw. Ammoniak wieder eliminiert.
- Je besser die aerobe Ausdauerleistungsfähigkeit ist, umso mehr kann bei höheren Intensitäten die Fettverbrennung regenerativ eingesetzt werden.
- Je besser die aerobe Ausdauer ist, desto mehr können die Kohlenhydrate, die für das Spieltempo insgesamt verantwortlich sind, geschont werden.

Die intensive Dauermethode wird aufgrund der stark glykogenentleerenden Belastung relativ selten eingesetzt. Mit dieser Methode soll der Zuckerstoffwechsel und die Ausschöpfung der Zuckerspeicher erreicht werden. Für Sprintertypen bedeutet diese Art des Trainings eine, vor allem auch psychisch, extrem belastende Trainingsform. Mein Rat: Die intensive Dauermethode ist über Spielformen besser trainierbar. Es wird hier im Bereich der anaeroben Schwelle trainiert, was etwa 80 % der maximalen Leistungsfähigkeit beansprucht. Untrainierte Spieler geraten schnell in den laktaziden Bereich, der Leistungsabbruch ist vorprogrammiert. Gut trainierte Spieler (vor allem die Ausdauertypen) haben eine wesentlich höhere Laktattoleranz und sind daher besser in der Lage, auch diese Trainingsform zu verkraften.

Für die Trainingspraxis empfiehlt sich deshalb vorrangig die extensive Dauermethode mit einer Laufdauer von 30 bis 45 Minuten. Sie dient hauptsächlich der Verbesserung der allgemeinen Grundlagenausdauer und hat besondere Bedeutung für das Regenerationstraining, da die Wiederherstellungszeit nach intensiven Belastungen vermindert wird. Dabei darf allerdings nicht vergessen werden, dass ohne eine sportartspezifische Grundlagenausdauer noch keine stabile Wettkampfleistung möglich ist. Ziel ist es, möglichst häufig auf den aeroben Stoffwechsel zurückgreifen zu können. Das funktioniert, weil sich die Energiedepots vergrößern (Kreatinphosphatspeicher, Muskel- und Leberglykogen). Der Nachteil ist, dass vornehmlich die langsam kontrahierenden Muskelfasern beansprucht und trainiert werden. Die Schnelligkeitsleistungen können leiden.

Die Intervallmethode
Beim Intervalltraining kommt es zum planmäßigen Wechsel von Belastungs- und Entlastungsphasen. In der Entlastungsphase kommt es dann aber nicht zur vollständigen Erholung. In diesem Fall spricht man von einer »lohnenden Pause«. Die Pausendauer variiert zwischen einer halben und mehreren Minuten; eine Herzfrequenz zwischen 120 und 130 Schlägen pro Minute gilt dabei als ein Zeichen für Erholung.

Diese Methode hat den großen Vorteil, dass der Spieler lernt, seine schnellkräftigen Bewegungen auch bei starker Ermüdung durchzuführen. Im psychischen Bereich wird der Spieler in die Lage versetzt, auch bei entsprechender Erschöpfung, noch einmal alles aus sich herauszuholen.

Es gibt die extensive und die intensive Intervallmethode, außerdem wird zwischen Kurzzeitintervallmethode (KZI), Mittelzeitintervallmethode (MZI) und Langzeitintervallmethode (LZI) unterschieden. Bei der KZI kommt es zu Belastungen, die zwischen

Gibt den Takt vor: BVB-Trainer Bert van Marwijk

5 und 60 Sekunden dauern. In Verbindung mit der intensiven Intervallmethode entspricht sie den Belastungen eines Fußballspiels am ehesten. Aufgrund der Schnelligkeits- und Schnellkraftorientierung werden hauptsächlich die FT-Fasern rekrutiert und es wird im anaerob-alaktaziden Bereich gearbeitet. Die Pausendauer beträgt zwischen einer und anderthalb Minuten. Die intensive Intervallmethode ist auch dann für den Fußballspieler geeignet, wenn es nach längerer Verletzungspause darauf ankommt, die Leistungsfähigkeit von Herz und Gefäßen schnell zu erhöhen.

Dauer- und Intervallmethode im Trainingsprozess

Die nachfolgende Tabelle (Zintl) bietet noch einmal einen Überblick über die Methoden und ihre vorrangige Wirkung:

Methodenbezeichnung	Trainingswirkung
extensive Dauermethode	Ökonomisierung, Stabilisierung eines Leistungsniveaus, Regeneration, Fettstoffwechseltraining
intensive Dauermethode	Anhebung eines Leistungsniveaus, Erweiterung der VO₂ max, Verschieben der anaeroben Schwelle, Glykogenspeichervermehrung
extensive Intervallmethode mit LZI (2–3 min)	Erweiterung der aeroben Kapazität vorrangig über peripheren Bereich (Kapillarisierung, Laktatkompensationstraining)
extensive Intervallmethode mit MZI (60–90 sec)	Erweiterung der aeroben Kapazität über zentralen Bereich (Herztransportleistung), Erweiterung der anaerob-laktaziden Kapazität (Laktattoleranz)
intensive Intervallmethode mit KZI (20–30 sec)	Sportherztraining, Erweiterung der anaerob-laktaziden Kapazität (hohe Laktatproduktion), FT-Faser-Beanspruchung, Training der Umstellungsfähigkeit in der Energiebereitstellung

Für den Trainingsprozess bedeutet dies im Einzelnen:

Extensive Dauermethode
Belastungsintensität: 60–80 % der maximalen Leistungsfähigkeit, im Bereich der aeroben Schwelle und des aerob-anaeroben Übergangs (1,5–3 mmol/l Laktat), je nach Leistungsniveau, 45–65 % der VO₂ max, identisch mit Hf von ca. 125–160/min
Belastungsdauer: 30 Minuten bis zwei Stunden
Trainingswirkungen: Erweiterung des aeroben Stoffwechsels unter Einbeziehung und Verbesserung der Ökonomisierung der Herzarbeit (Senkung von Belastungs- und Ruheherzfrequenz), geringe Hypertrophiewirkung für den Herzmuskel (ab ca. Hf 140/min), Verbesserung der peripheren Durchblutung, Ausbildung einer Vagotonie im vegetativ-nervalen Bereich
Trainingsziele: Ökonomisierung der Herz-Kreislauf-Leistung, Fettstoffwechseltraining, Stabilisierung eines erreichten Leistungsniveaus, Regenerationsbeschleunigung

Intensive Dauermethode
Belastungsintensität: 90–95 % der maximalen Leistungsfähigkeit, im Bereich der anaeroben Schwelle, das entspricht einem Leistungsniveau von 60–90 % der VO₂ max, identisch mit einer Hf von 140–190/min
Belastungsdauer: 30–60 Minuten
Trainingswirkungen: Im aeroben Stoffwechsel erhöhte Nutzung des Glykogens, Ausschöpfung der Glykogenspeicher mit folgender Superkompensation (bei entsprechender Belastungsdauer), Einbeziehung der Laktatproduktion und der Laktatbeseitigung (max. Laktat-steady-state) in die Energiebereitstellung, Verbesserung der Herzdurchblutung und peripheren Durchblutung, Hypertrophie des Herzmuskels (Sportherzentwicklung), Blutvolumenvermehrung, Kapillarisierung des Skelettmuskels, geringe Vagotonie im nerval-vegetativen Bereich
Trainingsziele: Glykogenstoffwechseltraining, Glykogenspeichervermehrung, Laktatkompensation in der Belastung, Erweiterung der VO₂ max über Kapillarisierung und Herzleistung

Intensive Intervallmethode mit Kurzzeitintervallen (KZI)
Belastungsintensität: Fast maximal, 90–95 % der maximalen Leistungsfähigkeit
Belastungsdauer: 20–30 Sekunden
Pause: 2–3 Minuten, Serienpause 10 bis 15 Minuten
Belastungsumfang: 9–12 Belastungen, im Seriensystem 3–4 Belastungen bei 3–4 Serien, ca. 25–35 Minuten wirksame Belastungszeit einschließlich der lohnenden Pausen
Trainingswirkungen: Laktatproduktion und Laktataufstockung im Blut, Beanspruchung der FT-Fasern und Glykogenspeicherentlee-

rung, Herzvergrößerung, geringe Kapillarisierung
Trainingsziele: Erweiterung der anaeroblaktaziden Kapazität über verstärkte Laktatproduktion und erhöhte Laktattoleranz, Vergrößerung der VO_2 max über Herzleistungsgrößen

Intensive Intervallmethode mit extremen Kurzzeitintervallen (extr. KZI)
Belastungsintensität: Maximal, 95–100 % der maximalen Leistungsfähigkeit
Belastungsdauer: 8–10 Sekunden
Pause: 2–3 Minuten
Belastungsumfang: 3–4 Belastungen bei 3–4 Serien, ca. 25–35 Minuten wirksame Belastungszeit einschließlich der lohnenden Pausen
Trainingswirkungen: Eingriff in den Phosphatspeicher, Ingangsetzen der anaeroben Glykolyse, Beanspruchung der FT-Fasern, Stimulierung der aeroben Energiebereitstellung zum Phosphatersatz in den Pausen, geringe Kapilarisierung
Trainingsziele: Erweiterung der anaeroblaktaziden Kapazität, Umstellungsfähigkeit zwischen anaerober und aerober Energiebereitstellung, Förderung der aeroben Stoffwechselkapazität bei hohem Trainingsumfang (mehr als 5–6 Serien)

Die intensive Intervallmethode mit extremen Kurzzeitintervallen kommt den Anforderungen eines Fußballspiels am nächsten und sollte daher im Trainingsprozess vorrangig angewendet werden. Trotzdem darf man nicht vergessen, auch die Grundlagenausdauer entsprechend zu fördern, da sie die Basis für gute Leistungen auch im anaerob-alaktaziden Bereich ist.

Die Spielmethode
Die letzte Methode, die hier angesprochen werden soll, ist die Spielmethode. Dabei handelt es sich um ein sportartspezifisches Training der Ausdauer. Es konnte festgestellt werden, dass sich Spieler, die kein Ausdauertraining neben dem normalen Spieltraining durchgeführt haben, in ihrer Leistungsstärke nicht wesentlich von den anderen Spielern unterscheiden. Aber es gelten Einschränkungen: Ein zu häufiges Spieltraining führt zur Gewöhnung an die Wettkampfsituation und kann somit zu Motivationseinbußen führen. Zudem ist die Belastung für den passiven Bewegungsapparat (Sehnen, Bänder, Knochen und Knorpel) sehr hoch. Folge: die Verletzungsgefahr steigt an. Spieltraining und damit einhergehendes Zweikampfverhalten, Dribbling und Freilaufen, stellt außerdem hohe Ansprüche an die Koordinations- und Konzentrationsleistung des Spielers, die rasch zur Ermüdung führen können.

3.13. Die Auswirkungen einer schlechten Ausdauer auf die Leistungsfähigkeit

Eine mangelnde Konditions- und Konzentrationsleistung, die immer auch mit einer schlecht entwickelten Ausdauerleistungsfähigkeit zusammenhängt, hat nach Weineck folgende Auswirkungen:

- Abnahme der technisch-taktischen Leistungsfähigkeit
  Nur ein praktisch »unermüdlicher« Spieler ist in der Lage, über die volle Distanz eines Fußballspiels mit technischer Perfektion zu arbeiten. Ein Spieler, der schnell in den anaeroben Bereich gelangt, ist aufgrund der Übersäuerung der Muskulatur nicht mehr in der Lage, ein Pressing durchzuführen, und neigt im taktischen Verhalten zu Fehlleistungen. Verfügt ein Spieler über eine hohe aerobe und anaerobe Leistungsfähigkeit, ist es ihm möglich, ein aggressives Forechecking durchzuführen, und seinen Gegner im Zweikampfverhalten müde zu spielen. Spieler mit geringerer Ausdauerleistungsfähigkeit legen im Spiel kürzere Strecken zurück und dosieren ihre Spielaktivität. Das kann weder im

Sinne des Spielers noch im Sinne der Mannschaft sein.

- Erhöhung des Verletzungsrisikos bzw. Zunahme der Foulspielrate
Nachlassende Kondition und Verletzungen hängen eng zusammen. Es wurde nachgewiesen, dass Spieler, die über geringere Glykogenreserven verfügen, häufiger verletzt sind. Auch die Foulspielrate steigt mit abnehmender Kondition.

- Zunahme der Torerfolge gegen Spielende aufgrund nachlassender Aufmerksamkeit der Abwehrspieler
Wie die nachfolgende Tabelle (Morris 1991) eindrucksvoll bestätigt, fallen die meisten Tore zum Ende der Spielzeit. Dies hängt wahrscheinlich hauptsächlich mit der nachlassenden Konzentration der Spieler zusammen und mit den damit einhergehenden technischen und taktischen Fehlleistungen. Ein Spieler, der über eine gute Ausdauerleistungsfähigkeit verfügt, kann sich rascher von den vielen schnellkräftigen Belastungen erholen, hat zudem eine wesentlich höhere Laktattoleranz und ist damit in der Lage, auch in den letzten Minuten eines Spiels ein hohes Spieltempo an den Tag zu legen.

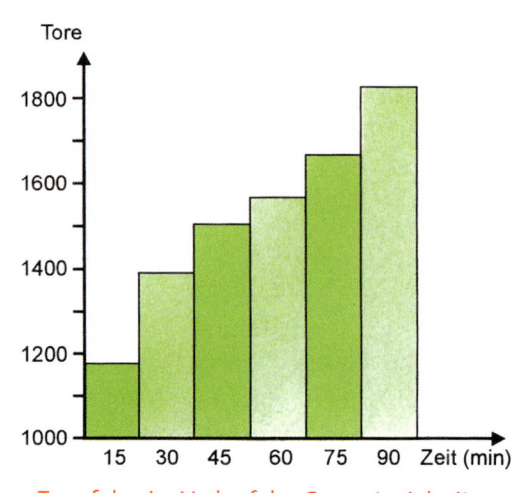

Torerfolge im Verlauf der Gesamtspielzeit

3.14. Das Training der Grundlagenausdauer

Grundsätzlich gilt: Je weniger trainiert wird, desto wichtiger ist ein Training mit dem Ball. Da gerade in den unteren Spielklassen nur zwei- bis dreimal wöchentlich trainiert wird, ist ein separates Ausdauertraining so gut wie nicht durchführbar. Daher liegt es an jedem einzelnen Spieler, selbständig weitere Trainingseinheiten durchzuführen. Die nachfolgenden Ausführungen sollen Trainern und Spielern helfen, die richtige Trainingsform zu wählen. Spielformen sind allein natürlich nicht durchführbar, so dass sich individuelle Trainingseinheiten auf das aerobe Grundlagenausdauertraining konzentrieren.

Die ideale Laufzeit zur Schulung der aeroben Ausdauer beträgt ein- bis zweimal wöchentlich 30 bis 40 Minuten. Wer bisher kein derartiges Trainingsprogramm absolviert hat, sollte zunächst eine intervallartige Belastung etwa dreimal zehn Minuten oder zweimal 15 Minuten durchführen und später auf zweimal 20 Minuten erhöhen, bis man schließlich in der Lage ist, einen Lauf über 30 bis 40 Minuten gut durchzuhalten. Wer die Laufeinheiten regelmäßig absolviert, dürfte nach sechs Wochen langsamer Belastungssteigerung problemlos in der Lage sein, diese Belastung durchzuhalten.

Um sicherzustellen, dass der Körper nicht auf die anaerobe Energiebereitstellung übergeht, sollte die Pulsfrequenz, je nach Leistungsstärke 130 bis 150 Schläge pro Minute, nicht überschreiten. Ideal ist natürlich eine Pulsuhr.

Lauftraining für Anfänger

Erste und zweite Woche:
- Lockeres Einlaufen mit Ball und/oder Stretching
- 3 x 10 min (Pause 2 min)
- Ausdehnen

Dritte und vierte Woche:
- Lockeres Einlaufen mit Ball und/oder Stretching
- 2 x 15 min (Pause 2 min)
- Ausdehnen

Fünfte und sechste Woche
- Lockeres Einlaufen mit Ball und/oder Stretching
- 4 x 10 min oder 2 x 20 min (Pause 2 min)
- Ausdehnen

Wer zusätzlich zu den Trainingseinheiten mit der Mannschaft ein oder zwei Trainingseinheiten in der Woche durchführt, ist nach sechs Wochen in der Lage, 30 bis 40 Minuten durchzulaufen. Da sich ein aerobes Ausdauertraining positiv auf die Regeneration auswirkt, empfiehlt es sich, die Einheiten einen Tag nach dem Mannschaftstraining durchzuführen.

Für die Spieler der Mannschaften, die vier bis sechs Trainingseinheiten oder mehr durchführen, stellt die Grundlagenausdauer eine unverzichtbare Grundvoraussetzung dar. Die Trainingseinheiten werden dann so aufgebaut, dass nicht ausschließlich die aerobe Ausdauer trainiert wird, sondern dass dieses Ziel mit anderen Inhalten kombiniert wird. Ideal sind Ausdauerläufe nach einem technisch-taktischen Training, die dann zwei- bis dreimal wöchentlich, in der Vorbereitungsperiode vielleicht sogar täglich, durchgeführt werden können.

Wird im Mannschaftsverband trainiert, müssen zwei Gruppen gebildet werden, eine mit Ausdauer- und eine mit Sprintertypen. Nur so ist sicherzustellen, dass die Spieler auch tatsächlich die aerobe Ausdauer und nicht die anaerobe Ausdauer trainieren. Die Sprintertypen sollten vorrangig intervallartig trainieren.

Aerobe Ausdauerläufe können als Wald- oder Crossläufe, Bergläufe, Geländespiele und Orientierungsläufe durchgeführt werden. In Trainingslagern können auch Läufe barfuß im Sand durchgeführt werden, wo-

Lockeres Eintraben zur Vorbereitung auf eine harte Trainingseinheit

bei allerdings die Gefahr besteht, dass sich die Wadenmuskulatur schnell verkürzt und verhärtet. Vereine, die aufgrund der geographischen Lage keine Möglichkeiten haben, im Wald oder Gelände zu trainieren, müssen die aeroben Programme auf dem Sportplatz durchführen.

Um der Gefahr der Monotonie durch einfache Rundenläufe zu begegnen, sollten Variationen eingestreut werden: Vorwärts- Rückwärts- oder Seitwärtslaufen, Anfersen, Kniehebe- oder Hopserläufe. Auch Laufen mit Armkreisen und Seitgalopp sind möglich. Fahrtspiele können ebenfalls durchgeführt werden. Sie zeichnen sich vor allem durch einen rhythmischen Wechsel von Belastungs- und Erholungsphasen aus.

Außerdem gibt es eine ganze Reihe von Ausdauertrainingseinheiten mit dem Ball (Weineck).

Dribbelparcours
Die Spieler führen nacheinander den Ball aus einem Quadrat heraus und absolvieren im Rundlauf folgende Aufgaben:

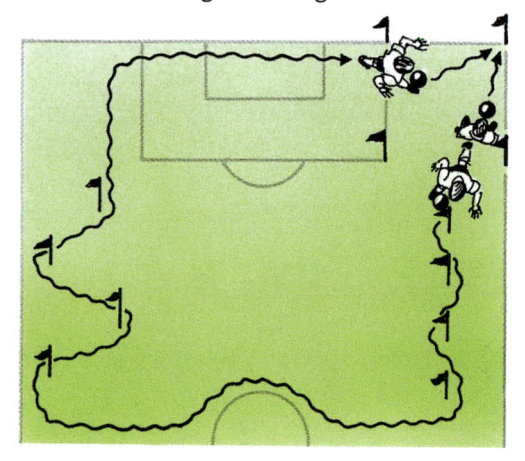

gebenen Dribbelart durchlaufen werden. Variation: Ball durch das Tor passen, das Tor umlaufen und jenseits weiter dribbeln.

Partnerlauf mit Slalomdribbling über die Diagonale
Jedes Spielerpaar hat einen Ball und startet an einer Seitenlinie auf Höhe der Mittellinie. Spieler A führt den Ball bis zur Eckfahne. Von dort durchdribbelt er einen Slalomkurs, der diagonal über das Spiel-

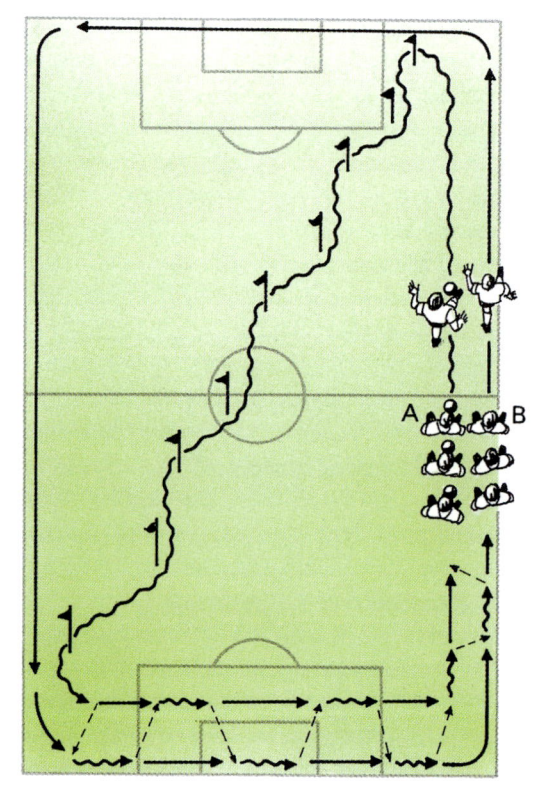

- Slalomdribbling mit dem starken Fuß
- Einfaches Ballführen über Mittellinie und Halbkreis
- Dribbling mit dem schwachen Fuß durch einen seitlich versetzten Hütchenparcours
- Ball parallel zur Torauslinie zurück in das Quadrat jonglieren

Ziel dieser Trainingsform ist, dass es zu einem fließenden Rundlauf kommt, bei dem die Spieler ständig in Bewegung sind. Sollten Stockungen auftreten, dribbeln die Spieler so lange im Quadrat, bis der Parcours frei ist.

Torejagd
Die Spieler dribbeln locker durch frei im Raum verteilte Tore (etwa 2 m breit). Alle Tore müssen in der vom Trainer vorge-

feld aufgebaut ist. Spieler B läuft ohne Ball bis zur Eckfahne neben A her und von dort am Spielfeldrand entlang bis zum Endpunkt des Slaloms, wo er gleichzeitig mit A ankommt. Beide Spieler bewegen sich dann am Spielfeldrand zum Ausgangspunkt zurück, indem sie sich Querpässe zuspielen. Nach jeder Runde wechseln die Aufgaben.

Laufen in der Achtergruppe

Jeweils ein Spieler der einen Achtergruppe geht mit einem Spieler der zweiten Achtergruppe zusammen. B läuft eine halbe Runde (1) während A in dieser Zeit mit dem Ball die Platzbreite überquert, wobei er verschiedene Aufgaben durchführt. A spielt dann den Ball zu B, und es erfolgt der Aufgabenwechsel (2). Jeweils über drei Platzbreiten werden folgende Aufgaben absolviert:

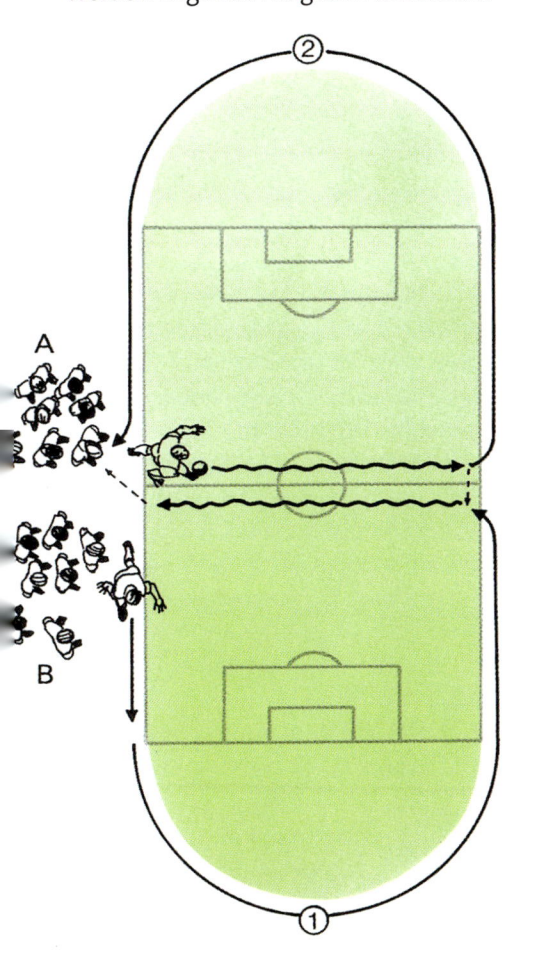

- normale Ballführung
- Ball in der Vorwärtsbewegung jonglieren
- der Ball wird hochgespielt und einige Minuten in der Bewegung mitgenommen

Das Training der fußballspezifischen Ausdauer

Die Hauptanforderung beim Fußballspiel liegt im anaerob-alaktaziden Bereich. Die richtige Methode zur Verbesserung dieser speziellen Ausdauerform sind intensive intervallartige Belastungen, die dem Spieler die Fähigkeit abverlangen, die Übersäuerung der Muskulatur in den Erholungsphasen wieder abzubauen. Auch hier sind Trainingsformen mit und ohne Ball möglich.

Laufparcours ohne Ball (Weineck)

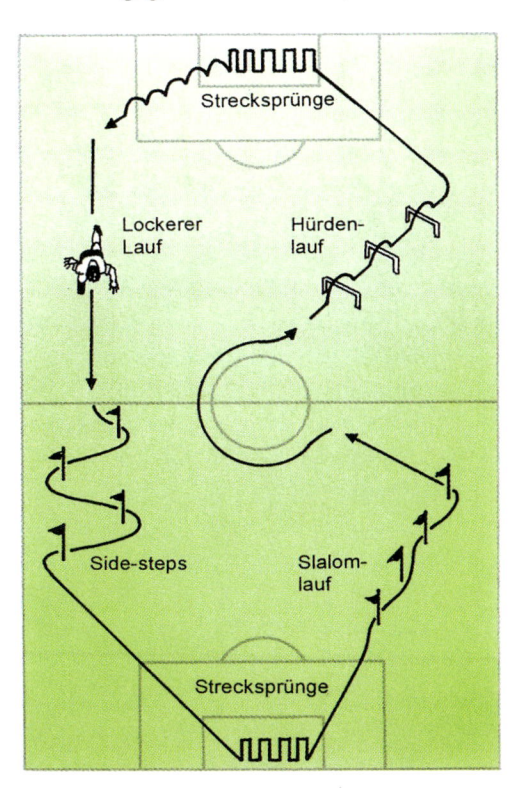

Die Spieler durchlaufen nacheinander in verschiedenen Laufformen und mit verschiedenen Aufgaben einen Parcours. Der Parcours ist in mittlerer Intensität (etwa 60 %) zu durchlaufen und kann als Intervalltraining gestaltet werden, z.B. viermal drei Laufrunden mit Gymnastikintervallen. Der nächste Spieler startet, wenn der vorhergehende Läufer die Mittellinie erreicht hat.

- 50 Meter lockerer Lauf bis zur Mittellinie
- Side-steps durch einen versetzten Slalom
- Side-steps auf der Torlinie mit fünf Strecksprüngen an der Torlatte
- Lauf durch die Slalomreihe
- Tempolauf (etwa 80 %) um den Mittelkreis
- Überspringen von drei Hürden
- Side-steps auf der Torlinie mit fünf Strecksprüngen an die Torlatte
- lockerer Sprunglauf auf die Ausgangsposition zurück

Fußballparcours mit Ball (Vieth)

- die Spieler dribbeln aus dem Warteviereck an die nahe Seite des Mittelkreises und spielen den Ball so dosiert die Mittellinie entlang, dass sie nach einem Tempolauf ohne Ball um den Halbkreis den Ball wieder erreichen und weiterdribbeln können
- Dribbling durch einen versetzten Slalom
- ab einer markierten Abschlusslinie Zielstöße auf die durch Hütchen abgegrenzte kurze Torecke
- aus dem Dribbling heraus einen Doppelpass mit dem Trainer spielen und abschließend einen Torschuss auf das tragbare Normaltor mit Torwart
- im lockeren Tempo in das Warteviereck zurückdribbeln und den Stationslauf wiederholen

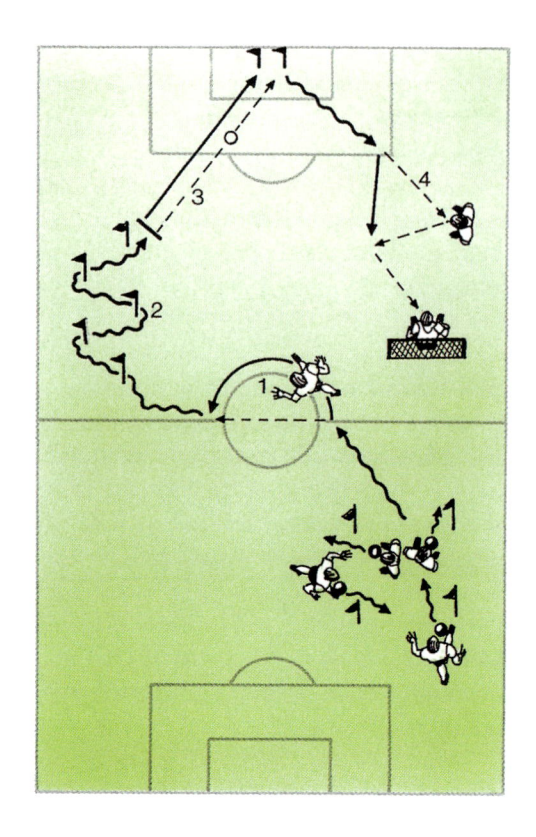

Ein hochintensives spezielles Ausdauertraining stellen natürlich auch die Spielformen Einer-gegen-einen oder Zwei-gegen-zwei dar. Wie dieses Training aufgebaut werden kann, zeigt die untenstehende Trainingsübersicht (Herzog/Zempel).

Diese Spielformen sind ziemlich belastend. Es werden Laktatwerte von bis zu zehn mmol/l Laktat erreicht. Die Regenerationszeit nach diesem Training kann je nach Leistungsstärke der Spieler zwei bis drei Tage betragen. Ein aerobes Ausdauertraining am darauf folgenden Tag kann diese Zeit verkürzen.

Trainingsinhalt	Belastungszeit	Pause	Herzfrequenz	Psychische Belastung
Einer-gegen-einen	8 x 60 sec	4 min	< 180	hoch
Einer-gegen-einen mit Außenspieler	6 x 30 sec	90 sec	< 180	hoch
Zwei-gegen-zwei	8 x 1 min	4 min	< 180	hoch
Zwei-gegen-zwei	8 x 1 min	2 min	< 180	hoch

3.15. Periodisierung des Ausdauertrainings

Die Periodisierung des Ausdauertrainings gehört zu den wichtigsten Maßnahmen zur sportlichen Leistungssteigerung und -erhaltung. Ziel eines Trainings ist die Leistungsverbesserung innerhalb eines bestimmten Zeitraums.

Wer bisher kein allgemeines und spezielles Ausdauertraining durchgeführt hat, sollte die lange Winterpause für ein entsprechendes Training nutzen. Die kurze Phase der Sommervorbereitung reicht meist nicht aus, um die gewünschten Anpassungserscheinungen zu erreichen. In der Wintervorbereitung kann das Training in zwei mehrwöchige Abschnitte unterteilt werden. Die etwa sechs Wochen lange Sommervorbereitungsphase sollte in einen vier- und einen zweiwöchigen Zyklus unterteilt werden. In der ersten Phase, gewissermaßen der Vorbereitungszyklus, wird viel Wert auf die Steigerung der Grundlagenausdauer gelegt, wobei aber auch schon Akzente im Bereich der anaeroben Ausdauer gesetzt werden können. In der zweiten Phase versucht man die erworbene Grundlagenausdauer zu halten und die fußballspezifische Ausdauer zu steigern.

Optimierung des Ausdauertrainings

Dem Trainer obliegt die Aufgabe, ein allgemeines und individuelles Training für seine Spieler zusammenzustellen. Wichtigstes Ziel jeder Trainingsmaßnahme ist dabei natürlich die Leistungssteigerung. Neben der Periodisierung des Trainings sind weitere Grundsätze zu beachten, die für den Erfolg des Trainings eine entscheidende Bedeutung haben.

Das Leistungsniveau

Die individuelle Einschätzung des Leistungspotentials eines jeden Spielers ist von großer Bedeutung. Werden Spieler mit zu hohen Trainingsbelastungen konfrontiert,

Berlins Publikumsliebling Yildiray Bastürk beim speziellen Konditionstraining in der Wintervorbereitung

Kurze Erholungsphase für Sebastian Deisler beim Training der Nationalmannschaft

kommt es nicht zu der erhofften Leistungsverbesserung, sondern zu einer Stagnation oder gar Verschlechterung. Bei Spielern, die unter starkem Muskelkater leiden oder motorisch zu anspruchsvolle Übungen durchführen müssen, besteht eine erhöhte Verletzungsgefahr. Daher ist eine Leistungsdiagnostik der Ausdauerleistungsfähigkeiten sehr wichtig

Die Effektivität
Trainingsmethoden sind dann als besonders effektiv anzusehen, wenn mit ihnen ein schneller Leistungszuwachs erreicht wird. Beim Aufbau einer Trainingseinheit ist auf die richtige Belastungsfolge zu achten (z. B. kein Sprinttraining nach einem anaeroben Ausdauertraining). Eine kontinuierliche Leistungssteigerung im Fußball kann nur

erreicht werden, wenn alle wichtigen konditionellen Voraussetzungen gleichzeitig trainiert werden. Das Training ist variabel zu gestalten, um einem motorisch-dynamischen Stereotyp entgegenzuwirken.

3.16. Der Muskelkater

Muskelkater tritt fast ausschließlich dann auf, wenn der Muskel nachgebende, so genannte exzentrische, Arbeit leisten muss. Schuld daran sind nicht, wie immer noch vielfach vermutet, eine Übersäuerung des Muskels, sondern kleinste Verletzungen innerhalb der Muskulatur, die Mikrotraumen genannt werden. Bei der exzentrischen Arbeit muss sich der Muskel dehnen, während er gleichzeitig kontrahiert. Das kann in der unvorbereiteten Muskulatur zu Rissen in den Z-Scheiben führen, die den Schmerz verursachen. Bei den Z-Scheiben handelt es sich um die kleinste Einheit des Muskels, in denen der Muskelmotor, die Proteine Aktin und Myosin, eingelagert sind.

Damit es nicht zu einem Muskelkater kommt, sollten folgende Vorbeugemaßnahmen getroffen werden:

- ausreichende Aufwärmung vor einer Belastung
- passives Dehnen
- aktive und passive Spannungsübungen mit geringer Intensität
- Verbesserung der Koordination vor größeren Krafteinsätzen

Tritt trotzdem noch ein Muskelkater auf, empfehlen sich folgende Maßnahmen:

- regeneratives Training, wie leichtes Joggen
- Sauna
- Wannenbäder mit Rosmarin- oder Arnikazusatz
- durchblutungsfördernde Maßnahmen
- leichte Streichmassagen, kein Kneten

Das kann Schmerzen lindern, bisher wurde aber noch kein Weg gefunden, den Heilungsprozess zu beschleunigen.

3.17. Ausdauertraining in der Vorbereitungs- und Wettkampfperiode

Jedem Trainer oder Spieler sollte klar sein, dass eine optimale Entwicklung der aeroben Ausdauer, ohne die auch die anderen konditionellen Teilbereiche nicht wesentlich verbessert werden können, nur bei drei bis vier Trainingseinheiten in der Woche möglich ist. Notwendig sind Läufe über eine Dauer von 30 bis 40 Minuten. Spieler, die nur zwei- bis dreimal in der Woche trainieren können, sind nicht in der Lage, eine optimale Leistungsfähigkeit zu entwickeln. Wer sich eine gute Grundlage geschaffen hat, kann während der Spielsaison sein Niveau durch ein einmaliges Training pro Woche einigermaßen halten.

Aufgrund der spezifischen Belastungsstruktur des Fußballspiels (anaerob-alaktazid) kann die Leistungsfähigkeit nur durch Trainings- oder Punktspiele nicht gehalten werden.

Die lange Winterperiode eignet sich besonders für das Ausdauertraining, da wenigstens sechs bis acht Wochen für ausreichende Anpassungserscheinungen im Organismus veranschlagt werden müssen. In den ersten vier Wochen kommt die Dauermethode zur Anwendung. Dabei haben sowohl die Spieler als auch der Trainer darauf zu achten, dass im Bereich der aeroben Schwelle (Laktatwerte nicht über 2 mmol/l Laktat) trainiert wird. Wenn im Mannschaftsverband trainiert wird, ist eine den individuellen Leistungen der Spieler entsprechende Gruppeneinteilung notwendig.

In der zweiten Trainingsphase kann zu den fußballspezifischen Ausdauerformen übergegangen werden. Denkbar sind beispielsweise Spielformen, wie Vier-gegen-vier in einem begrenzten Feld in sechs

Durchgängen à fünf Minuten, unterbrochen von einer fünfminütigen Trabpause zur Regeneration. Beim Intervalltraining können die Belastungen auch schon den anaeroben Stoffwechsel ansprechen, allerdings ist darauf zu achten, dass die Spieler in den Pausen ausreichend Zeit zur Regeneration haben. Bei den Spiel- und Intervalltrainingsformen werden Laktatwerte bis 6 mmol/l Laktat erreicht, wodurch der Kohlenhydratstoffwechsel angeregt wird. Der Vorteil dieser Trainingsmethoden ist, dass die FT-Einheiten der Muskulatur aktiviert werden, so dass es zu keinen Schnelligkeitseinbußen kommt.

Obwohl die Phase der Sommervorbereitung sehr kurz ist, besteht immerhin die Möglichkeit, dass die Spieler ihre in der vorangegangenen Spielzeit erworbene Leistungsfähigkeit konstant halten. Allerdings lässt es sich wahrscheinlich nicht vermeiden, dass die Vorbereitungsphase in die neue Spielzeit hineinreicht.

Da in der Sommervorbereitung hauptsächlich die aerob-anaerobe Leistungsfähigkeit trainiert wird, sollte man versuchen, das Fehlen des Trainings der Grundlagenausdauer wenigstens einigermaßen auszugleichen. Dazu gibt es folgende Möglichkeiten (Vieth):

- Auswahl geeigneter Übungs- bzw. Spielformen
- Wahl eines relativ großen Spielraumes. Die in der Relation zur Spieleranzahl großen Spielfelder fordern hohe – aber relativ gleichmäßige – konditionelle Belastungen, denn der erweiterte Spielraum verringert die Anzahl an direkten Zweikämpfen und erleichtert ein sicheres Zusammenspiel sowie ein überschaubares Spiel ohne Ball. Eine Erleichterung des Zusammenspiels wird darüber hinaus auch durch Überzahlspiele erreicht.
- Reduzierung der Spielerzahl in den Übungsgruppen

Durch kleine Spielergruppen wird eine hohe und kontinuierliche konditionelle Belastung des einzelnen Spielers erreicht. Die Spieldauer ist in Relation zur Spieleranzahl, aufgrund des erforderlichen Belastungsumfangs, relativ lang.
- Gewährleistung einer kontinuierlichen Dauerbelastung
Bereitliegende Ersatzbälle und Übungsspiel mit Offentoren verhindern Spiel und Belastungsunterbrechungen.
Die Trainingsinhalte der Vorbereitungsperiode:
- umfangsbetont, nicht intensitätsbetont
- Puls zwischen 130 und 150 Schlägen/min, Laktat bei 2 mmol/l
- mindestens drei- bis viermal wöchentlich
- 30 bis 40 min Dauer

Der Übergang von der Vorbereitungsperiode in die Wettkampfperiode verläuft fließend, wobei jetzt allerdings mehr Wert auf die fußballspezifische Ausdauer gelegt wird. Die aerobe Ausdauer kann durch die trainingsbegleitenden Maßnahmen wie Auslaufen weiterhin gehalten werden, was auch eine schnellere Erholungsfähigkeit nach intensiven Belastungen gewährleistet.

In der Übergangsperiode zur nächsten Saison obliegt es der Eigeninitiative des Spielers, weiter an seinen konditionellen Grundlagen zu arbeiten, um nicht völlig unvorbereitet in die nächste Trainings- und Wettkampfsaison zu gehen. Es ist immer zu bedenken, dass die Leistungsfähigkeit bei völliger Passivität sehr schnell verloren geht und der Aufbau derselben oft lange Zeit in Anspruch nimmt. Spieler, deren Laktatwerte in dieser Phase erheblich absinken, haben große Schwierigkeiten, in den ersten Wochen der Vorbereitung wieder auf ein ansprechendes Niveau zu gelangen, und benötigen erheblich längere Regenerationszeiten zwischen den intensiven Trainingseinheiten.

Der als »lautstark« verschriene, aber sehr erfolgreiche Jose Mourinho und sein Co-Trainer Mick Mc Given beobachten das Training der Chelsea-Spieler.

3.18. Ausdauertests

Zur Überprüfung der individuellen Leistungsfähigkeit eines Spielers sollten in regelmäßigen Abständen leistungsdiagnostische Tests durchgeführt werden. Nur so kann ein Training effektiv gestaltet werden. Stärken und Schwächen treten zutage. Es wurde bereits mehrfach darauf hingewiesen, dass es gerade im Ausdauertrainingsbereich notwendig ist, die Mannschaft in entsprechende Gruppen zu unterteilen, um Über- oder Unterforderungssituationen einzelner Spieler zu vermeiden.

Ein leistungsdiagnostischer Test sollte folgende Aufgaben erfüllen:

- Die Belastungsform sollte der jeweiligen Sportart entsprechen.
- Der Test soll ausreichende Angaben über den Leistungszustand des Athleten geben.
- Mit Hilfe des Tests soll die individuelle Trainingsintensität ermittelt werden können.

Fußball gehört zu den Sportarten, bei der die dynamische Ausdauer eine zwar nicht überragende, aber doch sehr wichtige Rolle spielt. Daher eignen sich Labor- und Felduntersuchungen, wenn möglich mit Laktatmessung. Die Ermittlung der maximalen Sauerstoffaufnahme stellt einen wichtigen Punkt dar. Sie hängt von folgenden Faktoren ab:

Innere Faktoren: Ventilation, Diffusion der Lunge, Herzzeitvolumen, arteriovenöse Sauerstoffdifferenz, Blutvolumen, Total-Hä-

Jimmy Floyd Hasselbaink (Holland) bei der harten Saisonvorbereitung

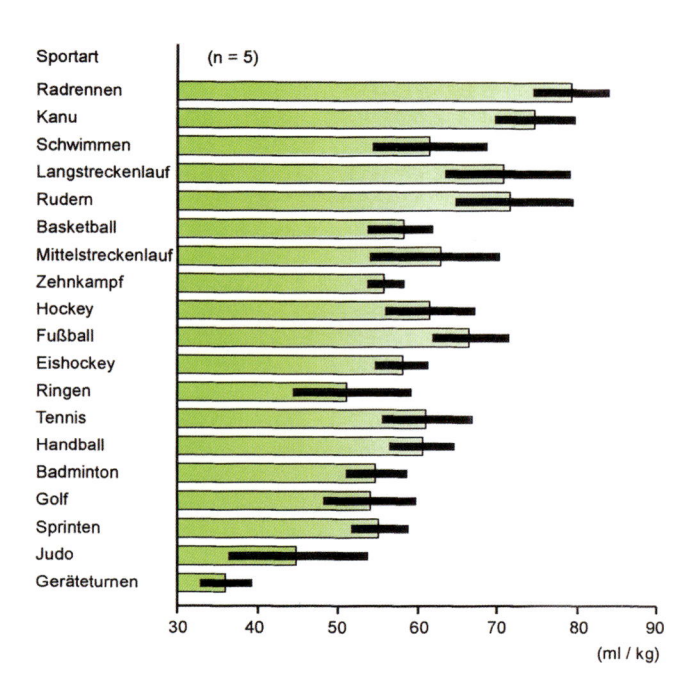

moglobingehalt, dynamische Leistungsfähigkeit der beanspruchten Muskulatur, Ernährungszustand
Externe Faktoren: Belastungsmodus, Größe und Art der eingesetzten Muskulatur, Körperposition, Sauerstoffpartialdruck in der Einatmungsluft, Klima (Hitze, Kälte, Luftfeuchtigkeit)

Primär hängt die maximale Sauerstoffaufnahme von der Dauerleistungsfähigkeit der arbeitenden Muskulatur, von der Kreislaufkapazität, von der Art der Untersuchung und ganz entscheidend auch von der Motivation des Spielers ab. Bei der klinischen Untersuchung wird neben einem Ergometer (Laufband) ein Spirograph benutzt.

Da den meisten Vereinen diese Art der Untersuchung nicht möglich ist, werden im Folgenden andere Methoden vorgestellt. Zur Orientierung vorab zeigt die folgende Tabelle (Hollmann) die maximale Sauerstoffaufnahme pro Kilogramm Körpergewicht der jeweils fünf leistungsfähigsten Sportler verschiedener Sportarten.

Der Cooper-Test

Der bekannteste und wahrscheinlich auch am einfachsten durchführbare Test ist der Zwölf-Minuten-Lauf nach Cooper. Der Spieler soll (nach einem ausreichend intensiven Erwärmen und Dehnen) innerhalb von zwölf Minuten eine möglichst große Strecke zurücklegen. Anhand der nachfolgenden Tabelle (Schnürch) kann die relative maximale Sauerstoffaufnahme ermittelt werden:

Meter in 12 min	Sauerstoffaufnahme (ml/min/kg)	Meter in 12 min	Sauerstoffaufnahme (ml/min/kg)
1500	28,2	2700	48,6
1600	29,9	2800	50,4
1700	31,6	2900	52,1
1800	33,8	3000	53,8
1900	35,0	3100	55,5
2000	36,7	3200	57,2
2100	38,4	3300	58,9
2200	40,1	3400	60,6
2300	41,7	3500	62,3
2400	43,4	3600	64,0
2500	45,1	3700	65,7
2600	46,9	3800	67,4

Zur besseren Einschätzung der Leistungsfähigkeit dienen die nachstehenden Tabellen, die den verschiedenen Leistungsbereichen zugeordnet werden können.

Für Frauen und untrainierte Männer gelten im allgemeinen:

Zurückgelegte Strecke (m)	Leistungsstand
unter 1600	sehr schlecht
1600–2000	schlecht
2000–2400	genügend
2400–2800	gut
mehr als 2800	sehr gut

Für relativ trainierte Männer gelten die gleichen Zuordnungskriterien, wobei jeweils 400 Meter hinzugerechnet werden.

Für den höheren Amateurbereich kann man folgende Einteilungen ansetzen (Weineck):

Zurückgelegte Strecke (m)	Leistungsstand
bis 2800	schwach
2800–3000	mäßig
3000–3200	befriedigend
3200–3300	gut
3300–3400	sehr gut
über 3400	überragend

Für männliche Spitzenfußballer gelten folgende Werte (Geese):

Zurückgelegte Strecke (m)	Leistungsstand
unter 3060	extrem unterdurchschnittlich
3060–3160	unterdurchschnittlich
3160–3260	durchschnittlich
3260–3350	überdurchschnittlich
über 3350	extrem überdurchschnittlich

Da der Cooper-Test ein Ausdauertest ist, dürfen die Ergebnisse bei Sprintertypen nicht überbewertet werden. Athleten mit einer sehr gut ausgeprägten Ausdauer sind im Sprintbereich meistens nicht so stark.

3.19. Die Laktatmessung

Mit Hilfe der Laktatmessung lässt sich die Energieproduktion durch die energiereichen Phosphate und die Oxidation auf indirektem Wege bestimmen. Für den Fußballbereich stellt die Ermittlung der aeroben und der anaeroben Schwelle einen wichtigen Hinweis dar. Es werden heute bereits Laktatmessgeräte angeboten, die eine Ermittlung des Wertes innerhalb von einer Minute ermöglichen. Blut aus dem Ohrläppchen wird auf einen Teststreifen getropft, der Streifen wird in das Laktatmessgerät geschoben, und der Laktatwert angezeigt.

Am besten geeignet für einen Ausdauertest mit Laktatmessung ist das Ergometer, wenn auch bei jeder Blutabnahme eine kurze Laufpause erforderlich ist. Bei der Wahl der Belastungsstufen haben sich Steigerungen von 0,5 m/sec bewährt. Schlecht Ausdauertrainierte beginnen bei 2,5 m/sec, mittelmäßig Ausdauertrainierte bei 3,0 m/sec und gut Ausdauertrainierte bei 3,5 m/sec. Alle drei Minuten wird Blut abgenommen und um eine Stufe schneller geschaltet. Die Steigung des Laufbandes variiert von 0,8 % bei gut dämpfenden bis 1,5 % bei einem harten Laufband. Die anaerobe Schwelle liegt bei 4 mmol/l Laktat und je später man sie erreicht, desto besser ist die aerobe Ausdauer und somit auch die Fähigkeit, ein mittleres Spieltempo über die gesamte Zeit durchzuhalten.

Im Zusammenhang mit der Herzfrequenz stellt die Ermittlung der anaeroben Schwelle einen entscheidenden Hinweis für die Trainingssteuerung dar; mit Hilfe dieser Information kann die Belastungs- und Pausengestaltung bei allen aeroben und anaeroben Trainingseinheiten auf den einzelnen Spieler abgestimmt werden. Über- und Unterforderungszustände werden so vermieden.

In der von Jensen erstellten Graphik stellt die Ermittlung der anaeroben Schwelle einen entscheidenden Hinweis für die Trainingssteuerung dar.

Eine verbesserte Ausdauerleistungsfähigkeit geht einher mit einer Rechtsverschiebung der Laktatkurve und je höher

Barca-Trainer Frank Rijkard bespricht sich mit seinem Konditionstrainer.

die anaerobe Schwelle, desto mehr steigert sich auch das mittlere Spieltempo.

Kurve A wurde zu Beginn einer Trainingsperiode ermittelt, Kurve B nach einer dreimonatigen Trainingsphase. Deutlich ist zu erkennen, dass sich die Laufgeschwindigkeit des Athleten bei einem Laktatwert von 4 mmol/l Laktat erheblich gesteigert hat. Auch das Training findet jetzt auf einem höheren Niveau statt.

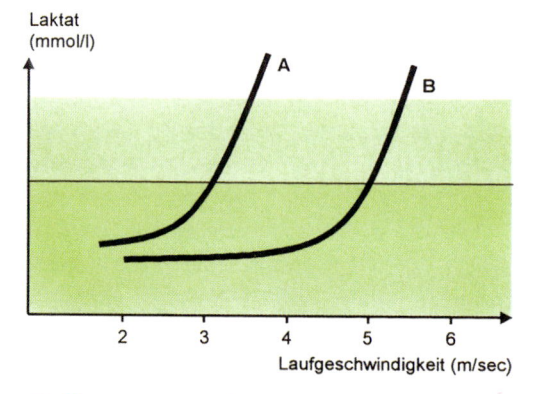

Einfluss eines Ausdauertrainings auf die Laktatkurve

Auch an dieser Stelle noch einmal der wichtige Hinweis: Die Ausdauerleistungsfähigkeit des Fußballers muss nicht maximal, sondern optimal trainiert werden. Ein zu stark akzentuiertes Ausdauertraining wirkt sich negativ auf die Schnelligkeitseigenschaften aus.

Der TMS-Test

Zu den neueren Testformen gehört der von Leger entwickelte TMS-Test. TMS steht für Tempo bei maximaler Sauerstoffverwertung. Ziel des Tests ist es, herauszufinden, wie effektiv ein trainierter Organismus den Sauerstoff verwerten kann. Er eignet sich darum ganz besonders gut für die Trainingssteuerung.

Der Test beginnt in einem gemütlichen Trabtempo (200 m/100 sec), welches alle zwei Minuten erhöht wird, bis der Spieler nicht mehr in der Lage ist, das Tempo zu halten. Der TMS ist das Tempo, in dem Sie die letzten zwei Minuten voll durchgelaufen sind. Klimatische Bedingungen, wie starker Wind oder Regen und die Unerfahrenheit des Spielers können den Test verfälschen, daher sollte er nach ein paar Tagen noch einmal wiederholt werden.

Für ein Ausdauertraining empfiehlt Dr. Leger nach einem zehn- bis fünfzehnminütigen Aufwärmen ein Intervallprogramm von zwei- bis sechsmal zweieinhalb Minuten im individuellen TMS-Tempo. Ein solcher Trainingsabschnitt im Rahmen des Ausdauerprogramms bietet Abwechslung, zumal der Spieler lernt, seine Laufgeschwindigkeiten genau einzuschätzen. Das entsprechende Lauftempo können Sie der folgenden Tabelle (Runners World) entnehmen:

Laufzeit (volle Minuten)	200 m Zwischenzeit (in Sekunden)	Entsprechendes Lauftempo (in min/km)
0–2	100	8:20
2–4	85	7:05
4–6	74	6:10
6–8	66	5:30
8–10	59	4:55
10–12	54	4:30
12–14	50	4:10
14–16	46	3:50
16–18	43	3:35
18–20	40	3:20
20–22	38	3:10
22–24	36	3:00
24–26	34,5	2:52,5

Der Conconi-Test

Beim Conconi-Test handelt es sich um eine herzfrequenzorientierte Diagnose. Er basiert auf dem Prinzip, dass die Herzfrequenz im Bereich von 120–170 Schlägen pro Minute parallel zum Sauerstoffverbrauch und der Belastung ansteigt. Je nach individueller Leistungsfähigkeit knickt die Herzfrequenz dann irgendwann gegenüber der Belastung ab, d. h. die Herzfrequenzkurve verläuft flacher. Conconi geht davon aus, dass der Abknickpunkt mit der aerob-anaeroben Schwelle übereinstimmt. Die nachstehende Tabelle stellt dies noch einmal graphisch dar:

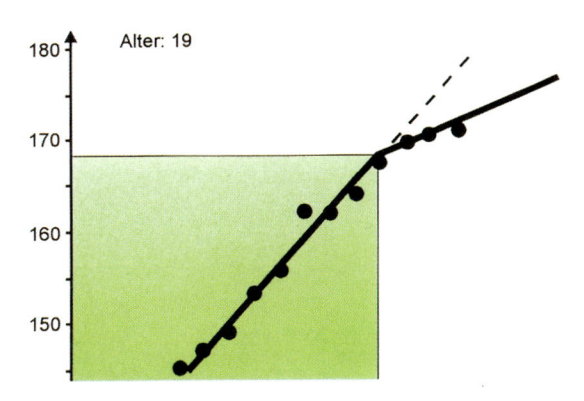

Der Unterschied zwischen Untrainierten und Trainierten zeigt sich in einer nach rechts oben verschobenen Kurve. Als Feldtest wird der Conconi-Test mit Recht kritisiert, da er vom Athleten ein gutes Tempogefühl sowie einen erkennbaren Deflexionspunkt seines Herzfrequenzverlaufs erfordert. Beides findet man nur bei sehr wenigen Sportlern. Es wird auch durchaus kontrovers diskutiert, ob die Conconi-Schwelle tatsächlich der der anaeroben Schwelle entspricht. Der Conconi-Test ist damit keine echte Alternative zur Laktatmessung.

Die Spieler des AC Milan machen Tempowechselläufe – eine gute Methode zur Verbesserung der Schnelligkeitsausdauer.

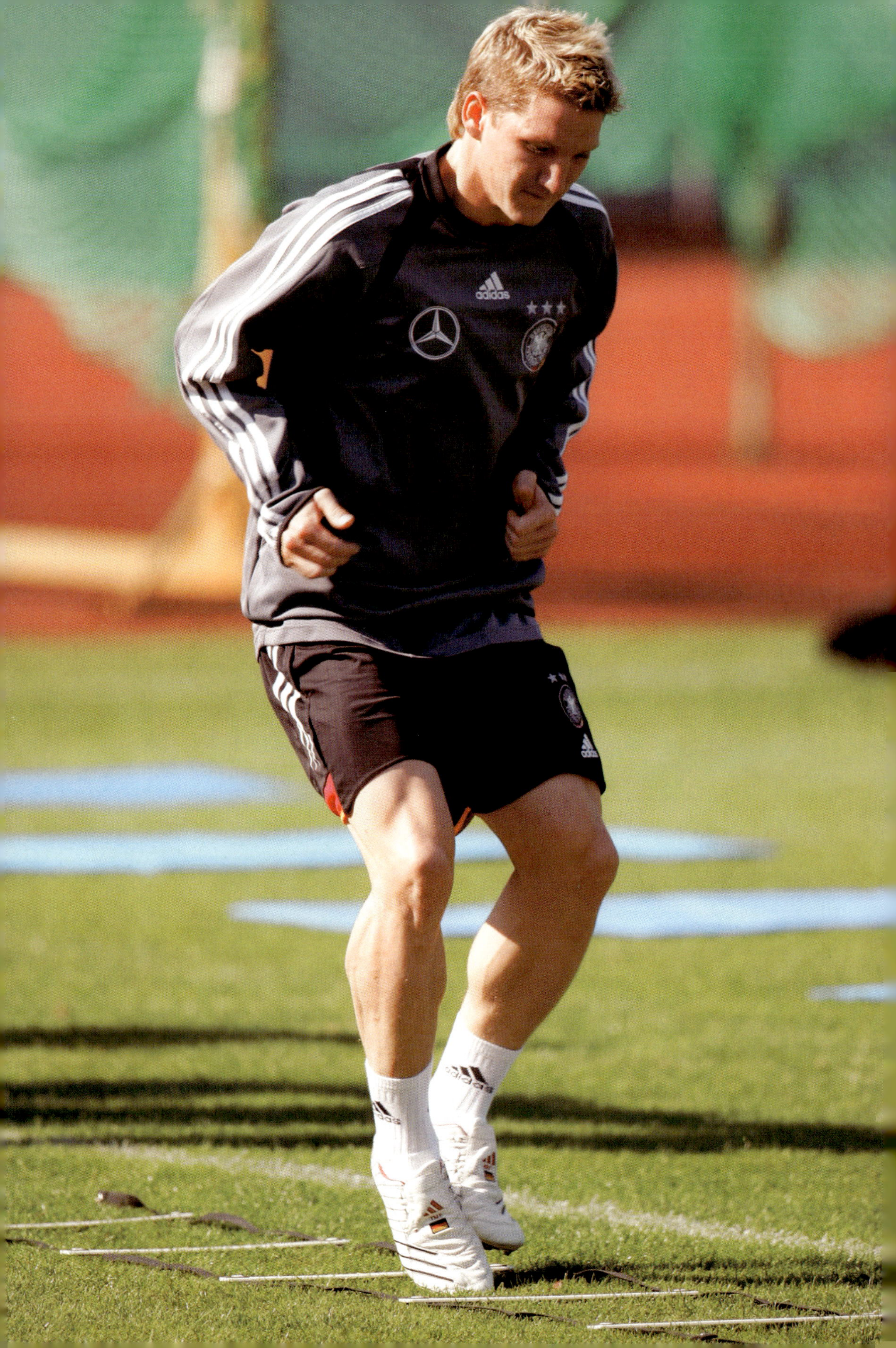
adidas
adidas

Kapitel 4:
Das Schnelligkeitstraining

Alle konditionellen Bereiche bedingen sich gegenseitig. Ohne Ausdauer ist es nicht möglich ,90 Minuten auf hohem Niveau zu spielen, ohne Kraft verpuffen Torschüsse, ohne Beweglichkeit sind Verletzungen vorprogrammiert, ohne Koordination wird der Ball zum Fremdkörper. Eine ganz besondere Rolle im Fußball spielt allerdings die Schnelligkeit, die sich aus mehreren Faktoren zusammensetzt:

- Wahrnehmungsschnelligkeit.
  Die Fähigkeit zur möglichst schnellen Wahrnehmung von Spielsituationen und ihren Veränderungen.
- Antizipationsschnelligkeit.
  Die geistige Vorwegnahme von Spielsituationen oder Aktionen des Gegners in sehr kurzer Zeit.
- Entscheidungsschnelligkeit.
  Die Fähigkeit, sich in kürzester Zeit für die richtige Handlung zu entscheiden.
- Handlungsschnelligkeit.
  Die Fähigkeit, effektiv und möglichst schnell unter Einbeziehung seiner kognitiven, technisch-taktischen und konditionellen Möglichkeiten zu handeln.

- Aktionsschnelligkeit.
  Die Fähigkeit, spielspezifische Handlungen mit dem Ball, auch unter Zeitdruck und Einfluss des Gegners, schnell durchzuführen.
- Zyklische und azyklische Bewegungsschnelligkeit.
  Die Fähigkeit zur schnellen Ausführung von zyklischen und azyklischen Bewegungen.

Am wichtigsten für den Fußballspieler sind die zyklische und azyklische Bewegungsschnelligkeit sowie die Aktionsschnelligkeit. Das bedeutet zwar nicht, dass die anderen aufgeführten Fähigkeiten nicht genauso wichtig sind. Sie sind allerdings am besten im Spiel oder unter spielähnlichen Bedingungen zu trainieren.

Zu den zyklischen Bewegungsformen gehören Antritte und Läufe, die zu bestimmten Aktionen führen, wie der Lauf zum Ball, Gegner oder Mitspieler, sich vom Gegner lösen, in den freien Raum laufen oder der vorbereitende Lauf zum Sprung (Kopfball).

Zu den azyklischen Bewegungsformen zählen Sprünge, Drehungen, Tacklings, abrupte Stoppbewegungen oder Finten.

Bewegungsschnelligkeit unterteilt sich weiterhin in die Fähigkeit, schnelle Einzelbewegungen durchführen zu können und eine maximale Bewegungsschnelligkeit zu erreichen. Die Beschleunigungsgeschwin-

Bastian Schweinsteiger beim speziellen Koordinationstraining zur Verbesserung der Reaktionsschnelligkeit

digkeit unterteilt sich wiederum in Beschleunigungsfähigkeit und die so genannte lokomotorische Schnelligkeit.

Bei der Beschleunigungsfähigkeit geht es darum, in kürzester Zeit eine maximale Beschleunigung zu erreichen. Lokomotorische Schnelligkeit charakterisiert sich in der Fähigkeit, nach der Startphase eine möglichst hohe Geschwindigkeit zu erreichen. Im Rahmen des Fußballspiels unterteilen sich die zyklischen Bewegungsformen in Grundschnelligkeit (Antrittsschnelligkeit), Sprintausdauer und Schnelligkeitsausdauer, worauf ich im Folgenden noch spezifisch eingehen werde. Unter Reaktionszeit wird die Fähigkeit verstanden, auf ein Signal oder auch auf eine Situation hin möglichst schnell zu reagieren.

Bei der zyklischen und azyklischen Schnelligkeit sind vier Faktoren von besonderer Bedeutung:

- die Reaktionszeit
- die Geschwindigkeit einer Einzelbewegung
- die Bewegungsfrequenz
- die Fortbewegungsgeschwindigkeit

4.1. Die Voraussetzungen für Schnelligkeitsleistungen

Die Voraussetzungen für hohe Schnelligkeitsleistungen sind an das zentrale Nervensystem (ZNS), an das neuromuskuläre System und an den Energiestoffwechsel gebunden.

Zentralnervale Voraussetzungen
Bei Schnelligkeitsleistungen spielen die Einstellung und die Motivation des Sportlers eine sehr wichtige Rolle. Zyklische Bewegungen – also Sprinten, Richtungswechsel, Tacklings, Laufen mit dem Ball – können nur dann mit großer Schnelligkeit durchgeführt werden, wenn es zu einem optimalen Wechsel zwischen Erregung und Hemmung innerhalb der Muskulatur kommt. Experten sprechen von einer optimalen inter- und intramuskulären Koordination. Sie ist nötig, damit es zu einem effektiven Zusammenspiel zwischen den Agonisten (Muskeln, die primär eine Bewegung erzeugen) und den Antagonisten (wirken der eigentlichen Bewegung des Agonisten entgegen) kommt.

Bei noch wenig trainierten Spielern liegt eine ziemlich ungenaue Steuerung und Regelung des Muskeleinsatzes vor. Mit anderen Worten: Sie müssen viel mehr Kraft aufwenden als eigentlich für den Bewegungsablauf nötig. Die Folge ist ein erhöhter Energieverbrauch und schnellere Ermüdung. Außerdem wirkt sich der Einsatz eigentlich nicht benötigter Muskelkräfte negativ auf die Schnelligkeitsleistung aus.

Muskuläre Voraussetzungen
Die Schnelligkeit ist anlagebedingt. Die Fähigkeit, hohe Schnelligkeitsleistungen zu vollbringen, ist an die großen motorischen Einheiten gebunden. Spieler mit einem höheren Anteil an FT-Fasern (siehe Kapitel Kraft oder Ausdauer) haben eindeutige Vorteile. Denn die Schnelligkeit ist nicht in gleichem Umfang trainierbar wie die Kraft oder die Ausdauer.

Voraussetzungen des Stütz- und Bewegungssystems
Schnelligkeitsleistungen beanspruchen den Stütz- und Bewegungsapparat sehr stark. Es kann sehr schnell zu einem Missverhältnis zwischen Beanspruchung und Beanspruchbarkeit kommen. Das ist sehr wichtig für den Trainingsprozess. Schnelligkeitsbelastungen im ermüdeten Zustand können zu Verletzungen führen und sind uneffektiv, da keine Leistungssteigerungen zu erwarten sind. Im Kapitel »Trainingsplanung« bin ich ausführlich auf diese wichtigen Mechanismen eingegangen.

Weitere leistungsbestimmende Faktoren sind die Flexibilität, die Muskelelastizität und die optimale Entspannung der Muskulatur, obwohl diese für die aktive Bewegung selbst nicht nötig ist.

4.2. Die verschiedenen Arten der Schnelligkeit

Die wichtigsten Schnelligkeitseigenschaften eines Fußballspielers sind die Antrittsschnelligkeit, die Sprintausdauer und die Schnelligkeitsausdauer.

Die Antrittsschnelligkeit
Die Antrittsschnelligkeit ist der wichtigste leistungsbestimmende Faktor. Wenn Spieler über eine ausgeprägte Antrittsschnelligkeit verfügen, sind sie in der Lage, ein erfolgreiches Angriffs- und Abwehrspiel durchzuführen. Im Rahmen zahlreicher Spielanalysen konnte festgestellt werden, dass ein Fußballspieler während eines Spiels etwa 40 bis 100 kurze Sprints absolvieren muss, die eine Gesamtlänge von 800 bis 1600 Meter ausmachen. Dabei wurde selten mehr als 20 Meter am Stück gesprintet. Folge: Im Rahmen eines reinen Sprinttrainings sollten und müssen die Läufe nicht länger als 25 Meter sein.

4.3. Physiologische Grundlagen der Antrittsschnelligkeit

Wie bereits erwähnt, stellt die Faserzusammensetzung der Muskulatur eine entscheidende, leistungsbestimmende Komponente dar. Spieler, die anlagebedingt über einen höheren Anteil an FT-Fasern verfügen, haben entscheidende Vorteile. Aber auch die Energiebereitstellung in der Muskelzelle spielt eine wichtige Rolle. Der in der Muskelzelle vorhandene ATP-Speicher reicht für etwa zwei bis drei Sekunden, der Kreatinphosphatspeicher für etwa sechs bis zehn Sekunden. Werden maximale Schnelligkeitsläufe durchgeführt, kommt es zu einer etwa 600fachen Steigerung des ATP-Umsatzes. Der Kreatinphosphatspeicher benötigt etwa drei Sekunden, bis er wieder aufgefüllt ist. In diesem Zusammenhang spielt die verfügbare Menge an Sauerstoff eine wichtige Rolle. Spieler, die über eine gute Grundlagenausdauer und damit über eine erhöhte Sauerstoffaufnahmekapazität verfügen, können die Kreatinphosphatspeicher schneller und öfter auffüllen.

Durch richtiges und gezieltes Training können die Kreatinphosphat- und Glykogenspeicher vergrößert werden. Folge: Die Kontraktionsgeschwindigkeit des Muskels steigt an. Unter richtigem Training versteht man in diesem Falle ein Training im maximalen Schnelligkeitsbereich, mit optimaler und individueller Pausengestaltung. Die Effektivität eines solchen Trainings ist abhängig vom Motivationszustand des Spielers. Ein Trainingsspiel kann manchmal effektiver sein als ein lustlos durchgeführtes Sprinttraining.

Die Sprintausdauer
Unter Sprintausdauer versteht man die Fähigkeit eines Spielers, während des gesamten Spiels eine Vielzahl von maximalen Sprints zu absolvieren, ohne dass es zu nennenswerten Leistungseinbußen kommt. Daher ist es besonders wichtig, dass der Spieler über eine gute Erholungsfähigkeit verfügt.

Die Erholungsfähigkeit ist von folgenden Faktoren abhängig:

- Vom Muskelfasertyp: Spieler, die über einen höheren Anteil an FT-Fasern verfügen, erholen sich schneller von maximalen Sprintbelastungen.
- Von den Energievorräten in der Muskulatur und der Fähigkeit, diese umzusetzen.
- Vom Niveau der Grundlagenausdauer. Spieler, die über eine gute Grundlagenausdauer verfügen, erholen sich schneller.

Die Schnelligkeitsausdauer
Die Fähigkeit, hohe bis höchste Geschwindigkeiten über einen längeren Zeitraum aufrechterhalten zu können, bezeichnet man als Sprintausdauer. Hier spielt die anaerobe Energiebereitstellung – also ohne Sauerstoff – eine wichtige Rolle. Da ein Fußballer während eines Spiels sehr selten Strecken von über 30 Meter zu sprinten hat, spielt die Schnelligkeitsausdauer nur eine untergeordnete Rolle. Wenn man ein spezifisches Schnelligkeitsausdauertraining zu häufig durchführt, kann es durch Übertrainingserscheinungen sogar zu Leistungseinbußen kommen. Deshalb ist die Schnelligkeitsausdauer auch besser im Rahmen von Übungsspielen, z. B. Spielen in kleinen Gruppen, trainierbar. Aber auch hier ist Vorsicht geboten, da die Spieler im Rahmen dieser Trainingsform vermehr Laktat produzieren. Sie sind schneller ermüdet und überfordert.

Ziel eines Schnelligkeitstrainings im Fußball ist es, den Spieler zu maximaler oder, besser, optimaler Fortbewegungsschnelligkeit zu bringen. Das schließt sowohl den Lauf mit als auch den Lauf ohne Ball ein. Anders als ein Leichtathlet muss der Fußballspieler zusätzlich in der Lage sein, seine zyklische Bewegung in eine azyklische Bewegung (Ballabgabe und -annahme, Torschuß etc.) umzusetzen.

Wichtig für das Schnelligkeitstraining ist die Beachtung der Stoffwechselprozesse im Körper:

- Die Reizintensität ist sehr hoch und sollte stets maximal sein. Nur auf diese Weise kann man effektiven Einfluss auf die Verbesserung der Arbeitsfähigkeit des Nerv-Muskel-Systems nehmen. Die Sprintstrecke sollte nicht länger als 25 Meter sein.
- Die Reizdichte (Belastungs- und Pausengestaltung) muss individuell so gestaltet sein, dass ein optimales Verhältnis von Erholung und Belastung gewährleistet ist. Der Körper benötigt entsprechende Pausen, um die durch die maximale Reizintensität bedingte hohe neuromuskuläre Belastung zu kompensieren. In der Pause sollte man gehen oder eventuell ein wenig traben. Das ist auch abhängig von der Temperatur, denn warme Muskeln sind für das Sprinttraining sehr wichtig. Bei unter 20 Grad sollten die Spieler auf jeden Fall eine lange Hose anhaben.
- Die Pausendauer sollte je nach Belastungsintensität drei bis fünf Minuten betragen.
- Die Reizdauer darf nur so lang sein, dass maximale Reize möglich sind. Sie darf also zwei bis fünf Sekunden nicht überschreiten.

Ein Schnelligkeitstraining sollte auf vier Ebenen stattfinden:

- Allgemeine Koordinationsschulung durch Laufschulung
- Verbesserung des Start- und Reaktionsvermögens durch disziplinnahe Trainingsformen
- Schnelligkeitstraining durch fußballspezifische Trainingsformen mit Ball
- Krafttraining

Die Wiederholungsmethode ist die effektivste Trainingsmethode zur Verbesserung der Sprintfähigkeit. Der Spieler kann sich nach jedem Lauf fast vollständig erholen. Wichtig sind dabei die Intensität, die Streckenlänge und die Pause. Wichtig für die Trainingsplanung: Das Schnelligkeitstraining sollte schon relativ früh beginnen. Das gilt besonders für Spieler, deren Niveau sehr hoch ist. So wird vermieden, dass die in der Wettkampfsaison erreichte Schnelligkeitsfähigkeit nicht allzu sehr absinkt. Das Training schließt sowohl Sprints ohne als auch mit Ball ein.

Eine weitere Methode des Schnelligkeitstrainings stellt das intensive Intervalltraining dar. Es ist aufgrund der nicht vollständigen Erholung zwischen den Belastungsphasen fußballspezifischer, hat aber auch den Nachteil, dass keine maximalen Krafteinsätze möglich sind. Dadurch ist der Trainingseffekt bezüglich der reinen Schnelligkeitsentwicklung geringer als bei der Wiederholungsmethode.

Als letzte Methode möchte ich Ihnen noch das spielintegrierte Schnelligkeitstraining vorstellen. Es ist sehr fußballspezifisch und setzt genau die Reize, die ein Spieler benötigt. Im Rahmen dieser Trainingsform werden gleichzeitig die bereits erwähnten und wichtigen Komponenten wie Wahrnehmungs-, Antizipations-, Reaktions-, Aktions- und Handlungsschnelligkeit optimal trainiert.

4.4. Trainingseffekte im Schnelligkeitstraining

Anpassungserscheinungen – sprich Trainingseffekte – im Schnelligkeitstraining sind nur dann möglich, wenn die Reizstärke im Training ausreichend intensiv ist. Das Training sollte möglichst variabel und vielseitig gestaltet werden, da sich sonst das einschleicht, was Experten einen motorisch-dynamischen Stereotyp nennen. Wenn das passiert, ist der Spieler zwar in der Lage, 20 mal gleich schnell zu laufen, es kommt aber nicht mehr zu Leistungssteigerungen.

Die Adaptationen in der Muskulatur ähneln denen, die nach einem Schellkrafttraining auftreten. Sie betreffen hauptsächlich die schnell kontrahierenden Fasern (FT-Fasern). Die Stoffwechsellage und die Fähigkeit zur Energiebereitstellung verbessern sich. Des Weiteren verbessern sich die am anaeroben Stoffwechsel beteiligten Energiesysteme ATP, Kreatinphosphat und Glykogen. Auch Herz- und Gefäßsystem profitieren. Die Sauerstoffaufnahme verbessert sich, es kommt zur Bildung eines Sportherzens. Am Stütz- und Bewegungsapparat erhöht sich die Festigkeit und Elastizität von Faszien und Bändern. Die Knochen werden dicker und somit belastbarer.

Was ist bei einem Schnelligkeitstraining unbedingt zu beachten?

- Schnelligkeitstraining sollte nur in einem ausgeruhten Zustand durchgeführt werden.
- Schnelligkeitstraining gehört an den Anfang einer Trainingseinheit.
- Intensives Aufwärmen ist unbedingt nötig, um die Muskulatur in einen optimalen Zustand zu versetzen.
- Eine Verbesserung der Schnelligkeit ist nur bei maximalen Krafteinsätzen möglich.
- Maximale Krafteinsätze sind nur bei ausreichenden Pausen möglich.
- Das Verhältnis zwischen Belastung und Erholung muss stimmen.
- Um einen motorisch-dynamischen Stereotyp zu verhindern, sind verschiedene Trainingsformen zu empfehlen.
- Bei Ermüdungserscheinungen sollte man das Sprinttraining beenden.
- Der Spieler sollte hoch motiviert sein, um die entsprechenden Trainingsreize setzen zu können, was manchmal nur im Rahmen eines spielintegrierten Schnelligkeitstrainings möglich ist.
- Schnelligkeitstraining gehört zu jeder Trainingseinheit.

4.5. Praktische Trainingsbeispiele für ein Schnelligkeitstraining

Bevor ich die praktischen Trainingsbeispiele zu allen drei Methoden des Schnelligkeitstrainings vorstelle, möchte ich noch einige Hinweise geben, die für das Verständnis der Trainingsprogramme notwendig sind. Im Rahmen der Wiederholungsmethode werden drei Intensitätsstufen unterschieden, die je nach Leistungsstand oder Trainingsperiode (Vorbereitungs- oder Wettkampfperiode) Anwendung finden.

Fünf verschiede Ablaufpositionen, die bei einem effektiven Schnelligkeitstraining eingenommen werden können. Die Läufe können mit und ohne Kommando durchgeführt werden.

Die Intensitätsstufe 3 (I 3) steht für einen Krafteinsatz im submaximalen Bereich (etwa 80–85% der maximalen Schnelligkeitsleistung). Sie wird in der ersten Phase der Vorbereitung und bei allen noch trainingsunerfahrenen und weniger leistungsstarken Spielern angewandt. Der submaximale Lauf gibt dem Spieler und auch dem Trainer die Möglichkeit, koordinative Verbesserungen vorzunehmen. Sie sind für weitere Leistungssteigerungen unbedingt nötig. Ein geschultes Auge ist dabei von Vorteil. Wer völlig unvorbereitet mit einem maximalen Schnelligkeitstraining beginnt, ist meist noch nicht in der Lage, eine optimale Koordination zwischen Erregung und Hemmung (Nerv-Muskel-Zusammenspiel) herzustellen. Er ermüdet sehr viel schneller und riskiert einen Übertrainingszustand.

Die Intensitätsstufe 2 (I 2) steht für einen Krafteinsatz im Bereich von 90–95 % der maximalen Schnelligkeitsleistung. Der

Vorschlag für ein Standard-Trainingsprogramm in der langen Winterpause						
Periode	Intensität	Serien	Wdh	Strecke	Pause	Serienpause
VP1	I 3	2	5	25 m FL	3 min	5 min
VP2	I 2	1	5	25 m FL	3–4 min	6 min
I	2	1	5	25 m	3–4 min	
UWV	I 1	2	4	25 m	4–5	6–8 min

Spieler muss bei Läufen in diesem Intensitätsbereich das Gefühl haben, bereits sehr schnell zu sein, ohne die Laufkoordination vernachlässigen zu müssen.

Die Intensitätsstufe 1 (I 1) steht für maximal schnelle Läufe. Sie werden in der unmittelbaren Wettkampfvorbereitung (UWV) oder während der Wettkampfsaison durchgeführt.

Die Läufe können sowohl aus verschiedenen Standpositionen als auch fliegend durchgeführt werden. Unter fliegenden Läufen (FL) versteht man folgendes:

Man legt einen Start- und einen Zielpunkt fest, die etwa 25 Meter auseinander liegen. Der Spieler stellt sich etwa 15 bis 20 Meter vor dem Startpunkt auf und beginnt seinen Lauf. Wenn er den Startpunkt erreicht, muss er bereits die höchste Geschwindigkeit erreicht haben, die er dann bis zum Zielpunkt aufrechterhält.

Bei dem soeben vorgestellten Rahmenplan handelt es sich um die effektivste Trainingsmethode zur Verbesserung der Sprintschnelligkeit. Er sollte wenigstens einmal wöchentlich (je nach Trainingshäufigkeit) durchgeführt werden.

Bei den verschiedenen Ablaufpositionen gibt es folgende Variationen *(s. Abb. auf dieser Doppelseite)*:
1. Sprintablauf
2. Ablauf aus der Viertelkniebeuge mit Vorspannung
3. Ablauf aus der Liegestützposition mit Vorspannung
4. Ablauf aus der Viertelkniebeuge mit Vorspannung mit dem Rücken zur Laufrichtung
5. Ablauf aus der Stützposition mit Vorspannung

Die Läufe können mit und ohne Kommando durchgeführt werden. Mit Hilfe der Vorspannung kann man die Kontraktionskraft des Muskels erhöhen. Da es im Fußball aber selten vorkommt, dass man über längere Strecken einen geraden Sprint durchführen kann, möchte ich noch weitere fußballspezifische Trainingsformen zur Verbesserung der Schnelligkeitsfähigkeiten vorstellen:

1. Überhollauf
Die Spieler traben in einer Doppelreihe hintereinander her. Auf ein Kommando hin läuft das letzte Paar mit einem Sprint an die Spitze.

2. Hütchenparcours

3. Wendigkeitslauf

4. Slalomlauf
Bei den zuletzt vorgestellten Trainingsmethoden handelt es sich nicht um ein reines Schnelligkeitstraining, da aufgrund der eingebauten Schikanen nicht immer maximale Geschwindigkeiten möglich sind. Da es sich aber um fußballspezifische Trainingsformen handelt, sollten sie im Trainingsprogramm berücksichtigt werden.

Zugwiderstandsläufe
Eine weitere sehr effektive Methode zur Verbesserung der reinen Sprintkraft sind Zugwiderstandsläufe. Der Spieler zieht dabei ein Gewicht hinter sich her, was einen größeren Krafteinsatz erfordert. Früher hat man diese Läufe mit Autoreifen durchgeführt, heute gibt es spezielle Zugwiderstandsgeräte, deren Gewicht je nach Leistungsstärke individuell einstellbar sind. Zugwiderstandstraining ist eine Form des Sprinttrainings, bei dem die Kraft unter Einbeziehung der sprintspezifischen Bewegungsform trainiert wird. Die Höhe der Gewichte ist dabei so zu wählen, dass die Laufkoordination nicht zu stark verändert wird (kein allzu weites Vorneigen, kein Abknicken in der Hüfte, eine hohe Schrittfrequenz muss weiter möglich sein). Je nach Leistungsstärke variieren die Gewichte zwischen vier und sechs Kilo.

Der Einsatz von Zugwiderstandsläufen sollte erst in einer Phase einsetzen, in der die Spieler bereits ein gutes Trainingsniveau erreicht haben. Er sollte auch zeitlich begrenzt sein (ca. drei Wochen), da es sich um eine hoch belastende Trainingsform handelt. Diese Trainingsform ist nur den Mannschaften zu empfehlen, die täglich trainieren.

Trainingsbeispiele für ein Schnelligkeitstraining in der Vorbereitungsperiode I
Nach einem reinen Schnelligkeitstraining können Trainingsformen verwandt werden, die die Schnelligkeitsausdauer, die Kraft oder die Koordination fördern. Die dargestellten Trainingsformen im Anschluss an das Sprintprogramm sind nur eine kleine Auswahl der Möglichkeiten, die mit und ohne Ball durchgeführt werden können.
1. Trainingsbeispiel
– Einlaufen, Dehnung, drei Steigerungsläufe (der dritte bereits in hohem Tempo)
– 5 x 25 m FL Intensitätsstufe III (3 min Pause, 5 min Serienpause)
– 5 x 25 m aus verschiedenen Positionen Intensitätsstufe II (3–4 min Pause)
– Schnelligkeitstraining mit dem Ball, z. B. schnelles Ballführen mit Schikanen: Benötigt werden drei Hürden, die etwa

Zugwiderstandsläufe sollten nur von hoch trainierten Spielern durchgeführt werden.

Praktische Trainingsbeispiele für ein Schnelligkeitstraining

Mit Hürden als Schikanen kann ein fußballspezifisches Schnelligkeitstraining durchgeführt werden.

50–60 cm hoch aufgebaut sind. Die Abstände zwischen den Hürden betragen sechs bis acht Meter. Aufgabe des Spielers ist es, den Ball so schnell wie möglich unter die Hürden zu spielen, während er selbst die Hürde überspringt. Nach jeder Hürdenüberquerung sollte es einen Ballkontakt geben. Hinter der dritten Hürde wird eine Kehrtwendung gemacht und der Spieler führt den Ball im Zickzackkurs um die Hürden zurück. In der nachfolgenden Abbildung wird der Spielaufbau noch einmal erklärt.
– Auslaufen und Entmüden

2. *Trainingsbeispiel*
– Einlaufen, Dehnung, drei Steigerungen (die dritte bereits in hohem Tempo)
– 5 x 25 m FL, Intensitätsstufe III (3 min Pause, 5 min Serienpause)
– 5 x 25 m aus verschiedenen Positionen, Intensitätsstufe II (3–4 min Pause)
– Intensives Schnelligkeitstraining: Es werden fünf Fahnen in einem Abstand von 12 Metern aufgebaut. Der Spieler hat die Aufgabe, von Fahne 1 bis Fahne 2 und wieder zurück zu laufen, dann zu Fahne 2 und wieder zurück usw. Der Aufbau der Übung ist in der Abbildung auf Seite 88 zu sehen.
– Zehn Minuten Auslaufen und Entmüden

Trainingsbeispiele für ein Schnelligkeitstraining in der Vorbereitungsperiode II
1. *Trainingsbeispiel*
– Einlaufen, Dehnung, drei Steigerungen (die dritte bereits in hohem Tempo)
– 2 x 4 x 30 m Abläufe aus verschiedenen Positionen, Intensitätsstufe II
– Pause 3–4 min, Serienpause 5–6 min

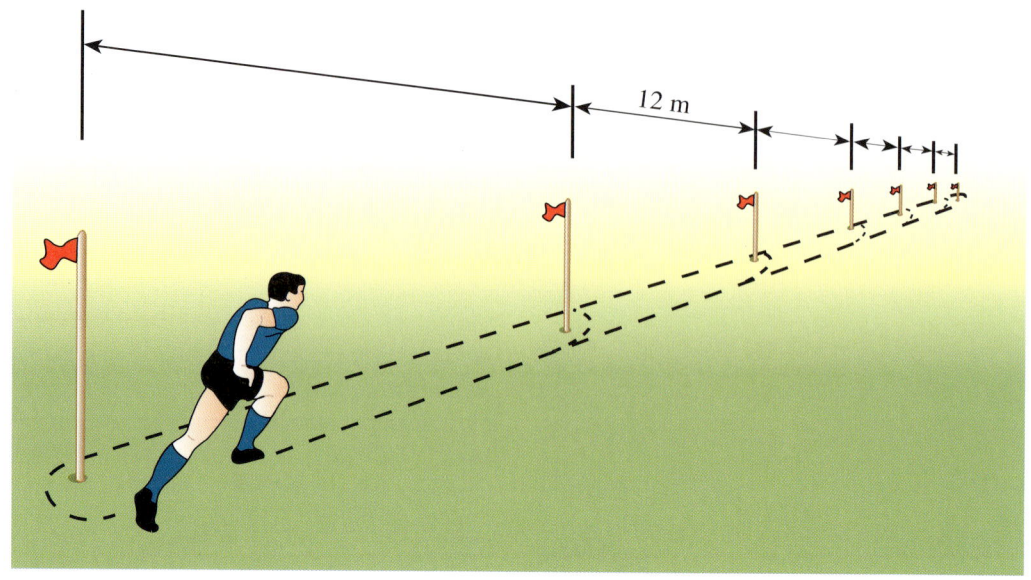

Der Fahnenparcours trainiert vornehmlich die Schnelligkeitsausdauer.

- 10 Minuten aktive Pause
- Fußballspezifisches Training auf kleinem Feld: z. B. Spiel 3 : 3 mit maximal drei Pässen oder andere schnelligkeitsorientierte Spielformen
- Auslaufen und Entmüden

2. Trainingsbeispiel
- Einlaufen, Dehnung, drei Steigerungen (die dritte bereits in hohem Tempo)
- 2 x 4 x 30 m Abläufe aus verschiedenen Positionen, Intensitätsstufe II
- Pause 3–4 min, Serienpause 5–6 min
- 10 Minuten aktive Erholung
- 5 x 60 m Ins and Outs, d. h. in einem Abstand von 20 Metern sind Fahnen oder Pylonen aufgestellt. Der Spieler läuft mit einem explosiven Antritt bis zur ersten Markierung, nimmt das Tempo etwas heraus, ohne zu viel an Geschwindigkeit zu verlieren, um an der zweiten Markierung einen weiteren Antritt mit hoher Geschwindigkeit durchzuführen. Die Pause zwischen den Läufen beträgt etwa 5 Minuten.

Anschließend können noch einige fußballspezifische Trainingsformen durchgeführt werden (z. B. Kreis), die eine mehr koordinative Leistung von den Spielern verlangen.
- Auslaufen und Entmüden

Trainingsbeispiel für ein intensives Intervalltraining
Das folgende Trainingsbeispiel wurde von Liesen in einem Referat in Leverkusen vorgestellt. Wie bereits erwähnt, kann ein intensives Intervalltraining nicht als reines Schnelligkeitstraining angesehen werden, da die Erholungspausen unvollständig sind und daher eher die Sprintausdauer trainiert wird. Durch Variation des Trainings kann jedoch zum einen mehr Wert auf die Schnelligkeitsausdauer, zum anderen mehr Wert auf die Sprintausdauer gelegt werden:
- 20 Minuten Einlaufen und Dehnung
- Fünf Starts aus der Bauchlage über 15 Meter, wobei nach jedem Lauf 150 Meter getrabt wird
- 2 Minuten locker traben
- Fünf Starts aus der Bauchlage zu einer Linie im Abstand von fünf Metern, die Linie mit dem Fuß berühren und zurück-

sprinten. Nach jedem Start wird 150 Meter getrabt.
- 2 Minuten locker traben
- Fünf Starts aus der Bauchlage über 15 Meter, nach der Hälfte wird eine blitzschnelle Drehung durchgeführt und rückwärts gelaufen. Nach jedem Start 150 Meter traben.
- 2 Minuten locker traben
- Fünf Starts aus der Bauchlage über 15 Meter. Nach jedem Start wird 150 Meter getrabt.
- 10 Minuten Auslaufen und Ausdehnen

Trainingsbeispiel für ein Training in der Wettkampfphase

Das Schnelligkeitstraining kann nicht nur, sondern sollte auch in der Wettkampfphase fortgeführt werden. Die Läufe werden im Intensitätsbereich I durchgeführt, wobei nicht mehr als zehn Wiederholungen eingeplant werden sollten. Zum »Spritzigmachen« kann auch ein oder zwei Tage vor einem Spiel ein Schnelligkeitstraining durchgeführt werden. Dabei bieten sich sechs Läufe über 25 Meter mit einer Pause von fünf Minuten an. Intensives Intervalltraining oder spielintegriertes Schnelligkeitstraining sollte zu Beginn der Trainingswoche durchgeführt werden. Des Weiteren bieten sich Bewegungs- und Reaktionsspiele mit und ohne Ball, Tempo-Dribblings mit Ball, Sprints mit Ball, Überzahlspiele auf kleinen Feldern mit unterschiedlichen Pausenlängen an.

4.6. Überprüfung der Schnelligkeitsfähigkeiten

Es ist überaus empfehlenswert, die Sprintfähigkeiten der Spieler regelmäßig zu überprüfen. Ideal sind der Beginn einer Trainingsphase und einer weiterer Test nach sechs Wochen, um die Fortschritte objektiv zu messen. Folgende Testformen und deren Leistungseinordnung gibt es:

20-Meter-Sprint aus dem Hochstart

Der Spieler stellt sich in die Ablaufposition und läuft ohne Kommando 20 Meter in maximaler Geschwindigkeit. Die Zeit wird ab dem Zeitpunkt gemessen, wenn sich das hintere Bein des Spielers vom Boden löst.

Der Nachteil dieser Messmethode besteht in der eventuellen Ungenauigkeit, so dass auch vom Zeitnehmer höchste Konzentration erforderlich ist. Die gemessene Zeit hat eine hohe Aussagekraft über die Sprintkraft und die Sprintleistung. Nachfolgende Tabelle erlaubt die Einordnung der Leistungsfähigkeit.

30-Meter-Sprint aus dem Hochstart

Diese Testform dient der Ermittlung der Antrittsschnelligkeit, stellt aber für den Fußballbereich bereits die äußerste Grenze dar, da längere Strecken nicht mehr als fußballspezifisch anzusehen sind. Der Testablauf ist gleich dem beim 20-Meter-Sprinttest.

Nachfolgende Tabelle erlaubt die Leistungseinordnung.

Für Frauen sind Sprintzeiten unter 4,5 Sekunden als sehr gut einzustufen.

Über 4,3 sec	schlecht
4,1–4,2 sec	mäßig
4,0 sec	gut
unter 4,0 sec	sehr gut

30-Meter-Sprint fliegend

Auch dieser Test dient der Ermittlung der maximalen zyklischen Sprintschnelligkeit. Der Spieler hat diesmal einen Anlauf von 15 bis 20 Metern und durchläuft dann eine 30-Meter-Strecke in maximaler Geschwindigkeit. Am 30-Meter-Start sollte ein Spieler oder Betreuer mit einem Handwink das Zeichen für den Zeitnehmer geben. Die Leistungsfähigkeit ist wie folgt einzuordnen.

Für alle Sprinttests wäre natürlich das Vorhandensein von Lichtschranken optimal. Die Anschaffung lohnt sich aber nur für Proficlubs oder Clubs mit entsprechenden Perspektiven. Für alle anderen gilt die Handstoppung und die erfordert auch vom Trainer höchste Konzentration.

Männer	3,0 sec	sehr gut
Männer	3,3 sec	durchschnittlich
Frauen	3,4 sec	sehr gut
Frauen	3,7 sec	durchschnittlich

Skipping-Test
Auch bei diesem Test kann die maximale zyklische Schnelligkeit (Bewegungsfrequenz) ermittelt werden. Auf ein Startzeichen hin versucht der Spieler über einen Zeitraum von zwei mal zehn Sekunden (und 20 Sekunden Pause) so viele Skippings wie möglich auf der Stelle durchzuführen. Aus beiden Serien wird der Mittelwert gezogen. Die Knie sollten dabei wenigstens bis zur Waagerechten angehoben werden. Deshalb empfiehlt es sich, ein Gummiseil oder Band zu spannen, welches auf die individuelle Höhe eines Spielers eingestellt wird. Der Spieler hat dabei die Aufgabe, das Band mit den Beinen zu berühren. Aufgrund der hohen Geschwindigkeit sollte ein Schrittzähler (gibt es schon für zwei Euro) verwendet werden. Wer dieses Gerät nicht zur Verfügung hat, sollte sich nur auf ein Bein konzentrieren und dann das Ergebnis verdoppeln. Leistungseinordnung: siehe Tabelle.

unter 40	schlecht
40–45	mäßig
45–50	gut
über 50	sehr gut
über 3,6 sec	schlecht
3,4 sec	mäßig
3,2 sec	gut
3 sec und schneller	sehr gut

4.7. Wochentrainingspläne

Dieser Trainingsbegleiter enthält Wochentrainingspläne für Mannschaften unterschiedlich starker Spielstärke. Die Wochentrainingspläne sind als Rahmentrainingspläne gedacht und stellen nur eine kleine Auswahl von Möglichkeiten zur Trainingsgestaltung dar. In der ersten Woche der Saisonvorbereitung sollte, trotz der wahrscheinlich vorhandenen großen Motivation der Spieler, nicht mit zu hohen Belastungen begonnen werden. Für eine Leistungseinschätzung der Spieler können Leistungstests (Seite 55 ff) durchgeführt werden. Anhand der Ergebnisse kann man die Defizite einzelner Spieler erkennen und im nachfolgenden Trainingsprozess (eventuell durch individuelles Training) beheben. Die von mir aufgeführten Trainingsbeispiele könnten in der dritten Woche der jeweiligen Vorbereitungsphase stattfinden.

Die wichtigsten Prinzipien zur Trainingsgestaltung noch einmal im Überblick:

- Sprint- und Schnelligkeitstraining ist immer in möglichst ausgeruhtem Zustand durchzuführen.
- Sprinttraining gehört an den Anfang einer Trainingseinheit.
- Die Pausen im Sprinttraining müssen lang genug sein.
- Vor jedem Training muss ausreichend aufgewärmt werden.
- Zum Abschluss einer Trainingseinheit gehört das Abwärmen.

Wochentrainingsplan für tägliches Training (Vorbereitungsperiode I)
Montag
– Einlaufen, Dehnung, drei Steigerungen
– 5 x 25 m FL Intensitätsstufe III (3 min Pause)
– 5 x 25 m aus verschiedenen Positionen (3–4 min Pause)
– 10 Minuten aktive Pause
– Schnelligkeitstraining mit dem Ball
– Auslaufen und Entmüden

Dienstag
– Einlaufen und Dehnung
– Training der aeroben Ausdauer mit und ohne Ball, z. B. Lauf-Ball-Spiel nach Auste:

1. Spurts mit dem Ball am Fuß von der einen bis zur anderen Strafraumlinie
2. Zwischen zwei Stangen hochwerfen und fangen
3. Einen Halbkreis möglichst exakt auf der Linie mit dem Ball entlang dribbeln
4. Von Markierung zu Markierung hochwerfen und fangen
5. Zielwerfen auf die Torpfosten
6. Slalomlauf um Hüte oder Stangen in mäßigem Tempo
7. Zielrollen des Balles auf zwei Medizinbällen im Abstand von 8–12 m
– Auslaufen und Entmüden

Mittwoch
– Einlaufen, Dehnung, lockere Steigerungsläufe
– 3 x 30 m Kniehebeläufe (Pause 3 min)
– 3 x 10 Ausfallschrittgehen (Pause 2 min)
– 3 x 12 Schlittschuhsprünge (Pause 2 min)
– 3 x 10er Sprunglauf auf Weite (Pause 3 min)
– 2 x 10er Einbeinsprünge rechts und links (Pause 3 min)
– 5 Koordinationsläufe über 50 m (Pause 2 min)
– 10 min Pause
– Spielform 1:1, Hochhalten des Balles in der Fortbewegung mit passivem Angreifen
– Auslaufen und Entmüden

Donnerstag
– 30 Minuten lockerer Waldlauf, intensives Dehnen
– Spielformen zur Verbesserung der aeroben Ausdauer
– Training der Koordination und Geschicklichkeit mit Ball

Freitag
– Einlaufen, Dehnung, drei Steigerungen
– Sprintprogramm siehe Montag
– Tempo-Dribblings mit Ball
– Auslaufen und Entmüden

Samstag
– Einlaufen, Dehnung, lockere Steigerungsläufe
– Programm wie Mittwoch oder Circuittraining an zehn Stationen, Belastung und Pause im Verhältnis 1:1, 30 sec Belastung, 30 sec Pause

Sonntag Ruhetag

Wochentrainingsplan für tägliches Training (Vorbereitungsperiode II)

Montag
– Einlaufen, Dehnung, drei Steigerungen
– 2 x 4 x 30 m Abläufe aus verschiedenen Positionen
– Intensitätsstufe II, Pause 3–4 min, Serienpause 5–6 min
– 10 min aktive Pause
– Fußballspezifisches Training auf kleinem Feld
– Schnelligkeitsorientierte Spielformen

Dienstag
– Trainingsformen zur Verbesserung der aeroben Ausdauer ohne und mit Ball, wie Waldlauf, extensives Intervalltraining etc.
– Reaktionsschulung und Ballfertigkeit: Spiel in den eigenen Reihen (begrenzte Fläche)

Mittwoch
– Einlaufen, Dehnung, drei lockere Steigerungsläufe
– 3 submaximale Sprintabläufe über 30 m (2 min Pause)
– 3 x 15 m Skippings mit hoher Frequenz (2 min Pause)
– 3 x 10er Sprunglauf auf Schnelligkeit (3 min Pause)
– 2 x 10er Einbeinsprünge rechts und links (3 min Pause)
– 3 x 8 Kastenaufsprünge (3 min Pause)
– Zwei lockere Steigerungsläufe über 60–80 m
– Training der Rumpfmuskulatur
– Auslaufen und Entmüden

Donnerstag
- Einlaufen, Dehnung
- Trainingsformen zur Verbesserung der Geschicklichkeit und der Koordination mit Ball
- Spielformen mit Ball
- Torabschlusstraining
- Auslaufen und Entmüden

Freitag
- Einlaufen, Dehnung, drei Steigerungen
- Sprintprogramm und fußballspezifisches Programm siehe Montag
- Auslaufen und Entmüden

Samstag
- Einlaufen, Dehnung, drei lockere Steigerungsläufe
- drei submaximale Sprints über 30 m
- 3 x 15 m Skippings mit hoher Frequenz (2 min Pause)
- 3 x 10er Sprunglauf auf Schnelligkeit (3 min Pause)
- anschließend Kraftraum
- Maximalkrafttraining halbe Kniebeuge
- Schnellkrafttraining für die Wadenmuskulatur und die Schussbeinmuskulatur
- 4 Serien à 8 Wiederholungen mit 80% der Maximalkraftleistung bei schneller Bewegungsausführung
- Training der Rumpfmuskulatur
- Auslaufen und Entmüden

Wochentrainingsplan für viermal wöchentliches Training
Montag
- Einlaufen, Dehnung, 3 Steigerungen
- 5 x 30 m FL (3 min Pause)
- 5 x 30 m aus verschiedenen Positionen (3–4 min Pause)
- 10 min aktive Pause
- Schnelligkeitsorientierte Spielformen
- Auslaufen und Entmüden

Dienstag
- Einlaufen, Dehnung
- Training mit dem Ball zur Verbesserung der aeroben und anaeroben Ausdauer, Geschicklichkeit und Reaktionsschnelligkeit

Donnerstag
- Einlaufen, Dehnung, drei Steigerungen
- Circuittraining an zehn Stationen mit 30 sec Belastung und 30 sec Pause, Serienpause 5 min
- Kreistraining
- Auslaufen und Entmüden

Samstag
- Einlaufen, Dehnung
- Schnelligkeitstraining mit dem Ball
- Spielformen zur Verbesserung der Schnelligkeitsausdauer
- Auslaufen und Entmüden

Hinweis: Nach hoch intensiven Belastungen, wie Maximalkrafttraining oder Sprungkrafttraining, können noch koordinative Übungen mit Ball durchgeführt werden. Auf diese Weise müssen die Spieler trotz großer Ermüdung versuchen, mit dem Ball präzise umzugehen.

Wochentrainingsplan für dreimal wöchentliches Training
Montag
- Einlaufen, Dehnung, drei Steigerungen
- 5 x 30 m FL (3 min Pause)
- 5 x 30 m aus verschiedenen Positionen (3–4 min Pause)
- Spielformen zur Verbesserung der Schnelligkeitsausdauer

Mittwoch
- 20–30 min Dauerlauf, Dehnung
- Fußballspezifisches Training
- Verschiedene Spielformen zur Verbesserung aller fußballspezifischen Parameter
- Auslaufen und Entmüden

Freitag
- Einlaufen, Dehnung
- Spielformen mit dem Ball zur Verbesserung der Schnelligkeitsleistungen

Rafael van der Vaart (vorne) und Markus Karl vom HSV beim Sprungkrafttraining

– Intensives Intervalltraining mit Ball
– Auslaufen und Entmüden

Wie bereits beschrieben, steht bei nur drei oder vier Trainingseinheiten in der Woche das Training mit dem Ball im Vordergrund. Wer mehr trainieren möchte, kann dieses in Absprache mit dem Trainer (anhand der zahlreichen Beispiele) in die Tat umsetzen. Die vorher genannten Trainingsbeispiele stellen eine kleine Auswahl an Möglichkeiten dar. Die dargestellten Konditionstrainingseinheiten zur Verbesserung der Kraft und Schnelligkeit haben sich vielfach bewährt und sind wissenschaftlich unterstützt. Besonders bei den Krafttrainingseinheiten sollte immer eine versierte Person beim Training zugegen sein. Falsche Bewegungen, die sich einmal eingeschlichen haben, sind nur schwer wieder zu beseitigen und beinhalten ein großes Verletzungsrisiko.

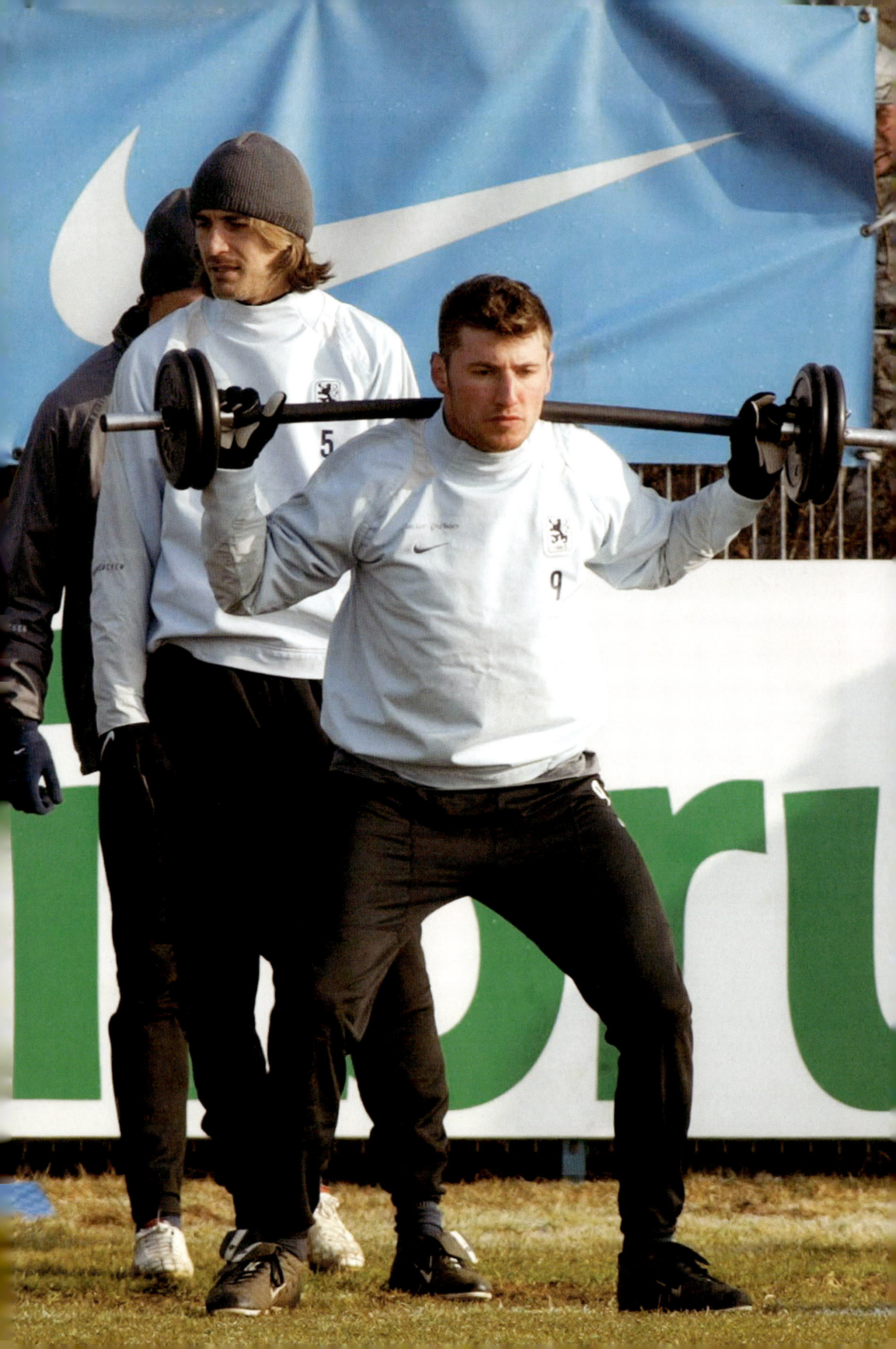

Kapitel 5:
Die Kraft

Die nächste wichtige konditionelle Eigenschaft für einen jeden guten Fußballspieler ist die Kraft. Ohne entsprechende Power sind Schnelligkeitsleistungen genauso unmöglich wie erfolgreiche Torschüsse. Mittlerweile wissen Sportwissenschaftler ziemlich genau, welche Prozesse im Körper ablaufen und können ein Krafttraining perfekt timen. Das folgende Kapitel zeigt, wie sich die Kraft am besten trainieren lässt.

5.1. Die Muskulatur

Die Tätigkeit der Skelettmuskulatur ist an die koordinierte Funktion des Nervensystems gebunden. Skelettmuskelfasern werden auch als Effektoren bezeichnet, da sie durch die Erregung von motorischen Nervenfasern zur Kontraktion gebracht werden. Die Zellkörper der motorischen Nervenzellen, die entscheiden, ob es zur Kontraktion kommt oder nicht, liegen im Rückenmark. Kraft ist für jeden Sportler eine extrem wichtige konditionelle Fähigkeit. Nur mit ihrer Hilfe kann man Widerstände überwinden oder äußeren Kräften entgegenwirken. Unterschieden wird zwischen Maximalkraft, Schnellkraft und Kraftausdauer.

Der Aufbau der Skelettmuskelfasern
Skelettmuskeln bestehen aus Skelettmuskelfasern, die in Muskelfaserbündeln durch Bindegewebe voneinander getrennt sind. Innerhalb einer Muskelfaser liegen Hunderte kleinster Muskelfibrillen, die sich aus Sarkomeren zusammensetzen. In diesen Sarkomeren befindet sich der eigentliche Muskelmotor, die partiell angeordneten und ineinander verschränkten Proteine Aktin und Myosin.

Die Muskelkontraktion
Wenn der Muskel arbeitet, zieht er sich zusammen. Dabei veranstaltet er eine Art mikroskopisches Tauziehen, um chemische Energie in Bewegung umzusetzen. Dabei arbeiten die Muskeln mit einer raffiniert abgestimmten Mischung aus Kreatinphosphat, Glukose, Glykogen, Laktat, Fettsäuren und Triglyceriden. Manche dieser Brennstoffe werden im Muskel gespeichert, andere im Blutstrom zugeführt. Einige werden ohne Sauerstoff in Adenosintriphosphat (ATP) umgewandelt, dem universellen Energieträger des menschlichen Lebens, manche verbrennen dabei vollständig zu Kohlendioxid und Wasser.

Damit es zur Muskelkontraktion kommt, laufen mehrere Prozesse in unglaublicher

Kniebeugen mit Zusatzgewichten sind ein probates Mittel zur Verbesserung der Sprintfähigkeiten.

Skelett-muskelfaser   Faser-bündel   Skelett-muskel
Myofibrille

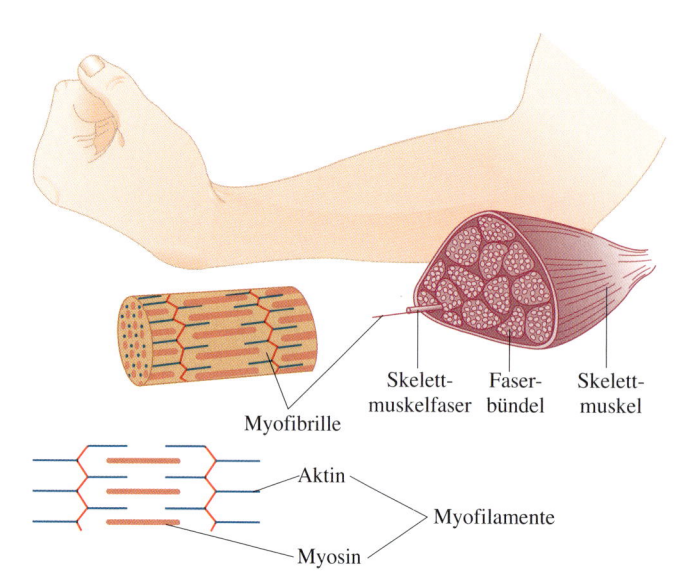

Aktin
Myofilamente
Myosin

Aktin und Myosin sind aktiv an der Muskelkontraktion beteiligt und bilden das ATP.

Geschwindigkeit hintereinander ab. Durch eine Erregung wird ein so genanntes Aktionspotential in die Tiefe der Faser geleitet. Das führt zur Freisetzung von Kalziumionen. Es kommt zur Querbrückenbildung zwischen Aktin und Myosin und damit zur Aktivierung und Energiefreisetzung von Myosin-ATPase. Die Sarkomeren verkürzen sich und damit gleichzeitig die Skelettmuskelfasern. Anschließend kommt es zu aktivem Rücktransport von Kalziumionen und zur Erschlaffung der Skelettmuskelfasern.

Schnelle und langsame Fasern
Noch einmal sei erklärt, dass die Muskulatur eines jeden Menschen unterschiedlich aufgebaut ist. Trainingsmethodisch bedeutsam ist die Unterscheidung in zwei verschiedene Typen:
– Schnelle Fasertypen. Sie werden auch fast-twitch (FT), also schnell kontrahierende Fasern genannt.
– Langsame Fasertypen. Sie werden slow-twitch (ST), also langsam kontrahierende Fasern genannt.
– Intermediärtyp. Ausgewogenes Verhältnis an FT- und ST-Fasern.

Bei allen Menschen lassen sich beide Fasertypen nachweisen. Bei den meisten Menschen sind sie in einem ausgewogenen Verhältnis zueinander vorhanden. Doch es gibt natürlich auch die berühmten Ausnahmen. Spieler, die über eine sehr gute Schnelligkeit und Spritzigkeit verfügen, haben einen höheren Anteil an FT-Fasern. Ihre Vorteile: Sie können sehr schnell sprinten, haben eine überragende Schussfähigkeit, können auf alle Reaktionen mit blitzschnellen Bewegungswechseln reagieren. Nachteil: Sie haben Schwierigkeiten im Ausdauerbereich, sind schneller ermüdet und brauchen auch länger, um sich von Belastungen zu erholen.

Dann gibt es die Spieler mit einem hohen Anteil an ST-Fasern. Sie sind besonders ausdauernd, kommen während eines Spiels auf bis zu zehn Kilometern Laufleistung. Nachteil: Sie sind den Sprintertypen bei kurzen Antritten unterlegen.

Für das Training bedeutet das, dass diese beiden Spielertypen unterschiedliche Akzente im Konditionstraining setzen müssen. Natürlich muss auch der Sprintertyp seine Ausdauer verbessern, kann aber unmöglich das Pensum eines reinen Ausdauertypen absolvieren. Andererseits müssen Spieler mit hohem ST-Faseranteil ihre Sprintfähigkeiten trainieren.

Wichtig zu wissen: Grundlegende Veränderungen in der Verteilung der ST- und FT-Fasern sind nicht möglich. Um die schnell kontrahierenden motorischen Einheiten zu aktivieren, sind Reize mit hoher Intensität nötig. Reize mit geringer Intensität aktivieren nur die langsam kontrahierenden motorischen Einheiten. Ein Training im unterschwelligen Bereich bleibt für die schnell kontrahierenden motorischen Fasern unwirksam. In Bezug auf Kraft- und Schnelligkeitstraining ist demnach darauf zu achten, dass der Fußballer motorisch reizwirksame Trainingseinheiten absolviert.

Intramuskuläre Koordination
Nicht nur die Faserzusammensetzung, sondern auch das Zusammenspiel der einzelnen Muskelfasern innerhalb eines Muskels spielt eine wichtige Rolle. Je mehr Muskelfasern zum Einsatz kommen, desto größer ist die Kraftentwicklung. Die Intramuskuläre Koordination lässt sich durch spezielle Trainingsmaßnahmen (vor allem Maximalkrafttraining und Koordinationstraining) sehr gut trainieren.

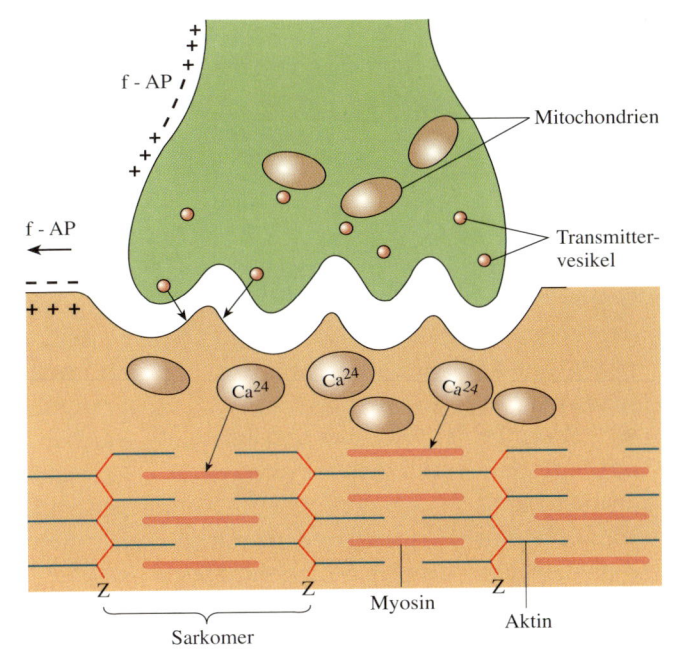

An der motorischen Endplatte kommt es zur Erregungsübertragung, die eine Muskelkontraktion auslöst.

Intermuskuläre Koodination
Von intermuskulärer Koordination spricht man, wenn es zu einem koordinierten Zusammenspiel aller an einer Bewegung beteiligten Muskeln kommt. Sie spielt für den Fußballer eine sehr große Rolle und kann vor allem durch Koordinationstraining sehr gut geschult werden.

5.2. Das Muskelwachstum

Wesentliche Faktoren, die das Muskelwachstum beeinflussen, sind:

- die Zunahme der Knochenlänge (Skelettwachstum),
- die Muskeldehnung, bedingt durch Wachstum, Training, Wechsel des Einsatzes von Agonist und Antagonist,
- neurotrophe Faktoren wie Training und Gewichtsbelastung und
- Hormone (Wachstumshormon, Thyroxin, Insulin, Testosteron).

Beim Muskelwachstum ist zwischen Längen- und Dickenwachstum zu unterscheiden. Beim Längenwachstum kommt es zur zahlenmäßigen Zunahme von Sarkomeren (Funktionseinheiten der Muskelkontraktion). Der Dehnungszustand eines jeden Sarkomers wird verringert, die Muskelspannung optimiert. Dieser Effekt kann auch durch ein Training erzielt werden. Beim Dickenwachstum kommt es zur Neubildung der Muskelproteine Aktin und Myosin. Sowohl die Zunahme von Sarkomeren als auch die neu gebildeten Muskelproteine führen zu einem Kraftzuwachs.

Die Anpassung von FT- und ST-Fasern an Schnelligkeits und Kraftbelastungen

Das entsprechende Training stellt den spezifischen Reiz dar, der auf die jeweiligen Teilmengen an FT- und ST-Fasern wirken muss, um eine entsprechende Anpassung auszulösen. Die Faserverteilung im Skelettmuskel stellt die strukturelle Voraussetzung für die konditionellen Fähigkeiten Schnelligkeit und Ausdauer dar. Bei vorwiegender Rekrutierung von FT-Einheiten wird die Schnellkraft, bei Rekrutierung von ST-Einheiten die Kraftausdauer geschult.

Im Schnelligkeitstraining sollte man deshalb darauf achten,

- dass besonders die Hauptmuskeln einer Übung aktiviert werden,
- dass ein optimales Verhältnis von Agonisten- und Antagonisten-Aktivierung (also Beuger und Strecker) vorliegt,
- dass ein optimales Verhältnis von Belastungs- und Erholungszeiten gewährleistet ist und
- dass es zu einer kurzzeitigen explosiven Aktivitätsentwicklung in entscheidenden Bewegungsphasen kommt.

5.3. Schnellkraft und ihre Bedeutung für den Fußballspieler

Die Schnellkraft ist die Kraftkomponente, die beim Fußballspielen am meisten gefordert ist. Während eines Fußballspiels kommt es sowohl zu beschleunigenden als auch zu abbremsenden Bewegungen. Es kommt im Laufe eines Spieles zu zahlreichen explosiven Bewegungen, die neben einer gut ausgeprägten Schnellkraft auch eine gut entwickelte Kraftausdauer vom Spieler verlangen. Nur Spieler, die über eine gut entwickelte Schnellkraft verfügen, können diese bei Sprüngen, Schüssen, Würfen und Antritten entsprechend umsetzen. In diesem Zusammenhang spielt die Maximalkraftfähigkeit eine entscheidende Rolle, da sie eng mit der Schnellkraftfähigkeit zusammenhängt. Rempeln, Tackeln und Dribbeln – all das ist ohne Schnellkraft nicht möglich.

Die verschiedenen Kraftarten

Die Schnellkraft
Schnellkraft definiert sich als die Fähigkeit des Nerv-Muskel-Systems, hohe Widerstände mit starken Kontraktionen zu bewältigen. Die Schnellkraft ist abhängig von der Maximalkraft, von der Kontraktionsgeschwindigkeit der Muskulatur, vom Muskelzusammenspiel (intermuskuläre Koordination) und vom Muskelquerschnitt (Maximalkraftanteil). Zudem bestehen enge Beziehungen zwischen der Schnellkraft pro Kilogramm Körpergewicht und dem Prozentsatz an FT-Fasern. Die Schnellkraft stellt die wichtigste konditionelle Eigenschaft des Fußballspielers dar. Sie kann zum einen durch Erhöhung des Energieniveaus der am Bewegungsablauf beteiligten Muskelgruppen und zum anderen durch ein verbessertes intermuskuläres Zusammenspiel erhöht werden.

Bei der Erzeugung der Schnellkraft werden hohe Anforderungen an die intra- und intermuskuläre Koordination gestellt. Dazu gehören:

- Der Einsatz einer maximalen Zahl von motorischen Einheiten, d. h. möglichst viele schnell reagierende Fasern werden innerhalb eines Muskels zur Kontraktion gebracht
- Allgemeine athletische Durchbildung im Sinne eines verbesserten Durchsetzungsvermögens und eines erfolgreichen Zweikampfverhaltens.
- Verbesserung der Belastungsverträglichkeit als Basis für die Durchführung effektiver Trainingsmethoden; mit anderen Worten: eine kurze Erholungsphase auch nach anstrengenden Trainingseinheiten
- Ergänzungstraining zur Kräftigung kleinerer Muskelpartien, die als so genannte Synergisten (Mitwirker) beim Vollzug der Bewegungen (z. B. Sprung oder Schuss) wichtig sind, aber durch die üblichen Belastungsformen oder durch das Spiel nicht entsprechend gefordert werden.
- Kompensationstraining zur Kräftigung von Muskeln, die zur Abschwächung

neigen; dazu zählen vor allem die geraden und seitlichen Bauchmuskeln sowie der große Gesäßmuskel.
- Verletzungsprophylaxe, da eine gut entwickelte Muskulatur einen effizienten Schutz für den Bewegungsapparat bietet.
- Der Spieler muss in der Lage sein, nur die Muskeln zum Einsatz zu bringen, die für die jeweilige Situation auch notwenig sind.

Die Maximalkraft
Ebenfalls sehr wichtig ist die Maximalkraft. Sie definiert sich als die höchstmögliche Kraft, die ein Mensch willentlich entwickeln kann. Grundlage ist ein individuell optimaler Muskelfaserquerschnitt und eine gut ausgeprägte intramuskuläre Koordination. Dazu gehört die Fähigkeit, eine maximale Zahl von motorischen Einheiten zu aktivieren und einen hohen Anteil an Muskelfasern zum Einsatz zu bringen. Die Maximalkraft stellt eine komplexe konditionelle Fähigkeit dar, mit der maximale Kräfte entwickelt werden können, um sehr hohe äußere Widerstände (Beschleunigungs-, Brems- und Haltearbeit) zu überwinden. Maximalkraft und Schnellkraft stehen in enger Beziehung zueinander.

Die Kraftausdauer
Zu guter Letzt spielt auch die Kraftausdauer eine entscheidende Rolle. Sie definiert sich als Ermüdungswiderstandsfähigkeit bei lang anhaltenden oder sich wiederholenden Kraftleistungen. Es werden hohe Anforderungen an die intramuskuläre Koordination gestellt. Bei Kraftausdauerleistungen, wie sie für ein 90-minütiges Spiel typisch sind, kommen hauptsächlich ST-Fasern zum Einsatz.
Zusammenfassend möchte ich die vereinfachte schematische Darstellung der Begriffsinhalte der Maximal- und Schnellkraftfähigkeit aus sportmethodischer, physiologischer und biochemischer Sicht auführen:

Maximalkraftfähigkeit
Sportmethodisch: komplexe konditionelle Fähigkeit für die Entwicklung maximaler Kräfte für die Überwindung sehr hoher äußerer Widerstände (Beschleunigungs-, Halte- und Bremsarbeit).
Physiologisch: gleichzeitige Rekrutierung möglichst vieler motorischer Einheiten (vorwiegend FT-Fasern). Hohe Anforderung an die Schnelligkeit und Genauigkeit der Bewegungssteuerung und -regelung (z. B. beim Abspiel oder dem Torschuss).

Schnellkraftfähigkeit
Sportmethodisch: komplexe konditionelle Fähigkeit für das maximale Beschleunigen des Körpers oder anderer Massen, wie etwa dem Ball bzw. das möglichst schnelle Entgegenwirken gegenüber äußeren Widerständen.
Physiologisch: Rekrutierung möglichst vieler motorischer Einheiten, vorwiegend FT-Fasern, zum gleichen Zeitpunkt. Hohe Anforderung an die Schnelligkeit und Zuverlässigkeit der Bewegungssteuerung und -regelung.

5.4. Die Krafttrainingsmethoden

Ein Fußballer muss im Laufe eines Spiels zahlreiche beschleunigende Bewegungen (dynamisch positive Belastungen) wie Antritte, Sprünge und Schüsse sowie abbremsende Bewegungen (dynamisch negative Belastungen) wie Stopps und abrupte Richtungswechsel durchführen. Folglich gilt für das Training des Fußballspielers, dass er sowohl die Schnellkraft, die Maximalkraft und die Kraftausdauer gezielt schulen sollte. Nur so kann man ein höheres Leistungsniveau erreichen. Dabei kommt es nicht darauf an, in allen drei Bereichen ein maximales, sondern ein optimales Niveau aufzubauen. Wer als Trainer auf ein gezieltes Krafttraining verzichtet, verzichtet gleichzeitig auf die Möglichkeit, aus seinen

Spielern leistungsfähigere Athleten zu machen. Einschränkend sei allerdings gesagt, dass in den Klassen, in denen wenig trainiert wird, mehr fußballspezifisch (d. h. mit Ball) gearbeitet werden muss. Als Faustregel sollte gelten: Bei vier Trainingseinheiten in der Woche ist etwa ein Drittel der Trainingseinheiten mit einem speziellen Konditionstraining durchzuführen.

Einen Teil dieses Konditionstrainings zur Steigerung der körperlichen und sportlichen Leistungsfähigkeit stellt das Krafttraining dar, wobei zwischen allgemeinem und speziellem Krafttraining unterschieden wird. Das allgemeine Krafttraining wird bei Anfängern durchgeführt, in den Übergangsperioden und in den ersten Wochen der Vorbereitungsperiode. In diesen Phasen besteht das primäre Ziel des Krafttrainings im Aufbau des Muskelquerschnitts, also mit einem Zuwachs an Muskelmasse. Im Rahmen dieses Trainings wird die Muskulatur auf spätere höhere Reize vorbereitet und ist damit in der Lage, diese besser und effektiver zu verarbeiten. Im allgemeinen Krafttraining schafft sich der Spieler die Grundlagen für die Durchführung eines speziellen, sportartspezifischen Krafttrainings. Besonders bei Spielern, die bereits über ein ausgeprägtes Kraftniveau verfügen, reichen die normalen Trainingsreize für eine weitere Leistungssteigerung nicht mehr aus, so dass neue Reize gesetzt werden müssen.

Es gibt statisches und dynamisches Krafttraining. Ich gehe nur auf das am häufigsten genutzte dynamische Krafttraining ein. Der Vorteil dieser Methode ist die Einbeziehung der beanspruchten Muskelgruppen in die für die Sportart spezifischen Bewegungsabläufe, wobei gleichzeitig die Koordination trainiert wird.

Beim dynamischen Krafttraining sind folgende Faktoren zu beachten:

- die Belastungsintensität (Widerstandsgröße)
- die Bewegungsschnelligkeit
- die Zahl der Bewegungswiederholungen
- die Zahl der Bewegungsserien
- die Pausendauer zwischen den einzelnen Bewegungswiederholungen bzw. Serien
- die Körperposition und in Verbindung damit die jeweils zurückgelegte Wegstrecke

Besonders die Spieler, die noch kein Krafttraining absolviert haben, sollten mit einem allgemeinen Krafttraining beginnen. Das Gleiche gilt für Spieler aller Klassen in der Übergangsperiode und in den ersten Wochen der Vorbereitungsperiode. Im allgemeinen Krafttraining erarbeitet sich der Spieler die muskuläre und koordinative Grundlage für das spezielle Krafttraining. Dabei bieten sich vor allem Stationstraining, Circuittraining und vorbereitendes Sprungkrafttraining an.

Folgende Grundsätze sollten beachtet werden:

- Im allgemeinen Krafttraining kann man sich, aufgrund der noch geringeren Belastung, eine gute Technik erarbeiten, die beim späteren speziellen Krafttraining von entscheidender Bedeutung ist.
- Die Belastung muss so gewählt werden, dass der Spieler das Gewicht beherrscht und nicht umgekehrt.
- Die Entwicklung der Rumpfkraft ist genauso wichtig wie die Entwicklung der Beinkraft.
- Bei der Belastungsgestaltung ist darauf zu achten, dass es nicht zu einer einseitigen Muskelausbildung kommt. (Das Training der Agonisten ist genauso wichtig wie das Training der Antagonisten.)

Zum besseren Verständnis sind noch einige Fachausdrücke aus dem Bereich des Krafttrainings zu erklären:

Wiederholung: Einzelner, gesamter Bewegungsablauf einer Übung. *Satz:* Fest angelegte Anzahl von Wiederholungen, die ohne Pause nacheinander ausgeführt werden.

Intensität: Höhe des Widerstandes in Bezug auf die Maximalkraftfähigkeit.

Tipps für Anfänger
Wer noch nie ein Krafttraining absolviert hat, sollte sich realistische Ziele setzen. Ein effektives Muskelaufbauprogramm ist glücklicherweise planbar und ausschließlich eine Frage des Systems. Man muss nur den richtigen Mix aus Belastungsdosierung und Übungswahl finden. Wichtig zu wissen: Der Spruch »Ein Indianer kennt keinen Schmerz« hat für das Krafttraining nicht nur ausgedient, er hatte auch nie Gültigkeit. Natürlich sollte jeder an seine Grenzen gehen, aber nicht darüber hinaus. Die einfachste Methode, um herauszufinden, wie intensiv trainiert werden sollte, ist das subjektive Belastungsempfinden. Das passende Trainingsgewicht wird durch Ausprobieren ermittelt. Der Bewertungsmaßstab ist immer die letzte Wiederholung, die technisch einwandfrei bewältigt wurde. Auf diese Weise passt sich das Training engmaschig dem aktuellen Leistungsniveau an. Fällt die Trainingsbelastung über mehrere Einheiten hinweg zu leicht aus, kann das Gewicht erhöht werden.

Die Belastungsskala
Leicht: Die Belastung wird zwar wahrgenommen, aber nur andeutungsweise.
Etwas schwer: Die Belastung wird deutlich wahrgenommen, es gibt aber noch deutliche Reserven.
Mittelschwer: Die Übung wird vor Erschöpfung abgebrochen, Man hat aber das Gefühl, noch einige Wiederholungen schaffen zu können.
Schwer: Die Übungsserie wird vor der Erschöpfung abgebrochen. Es wären nur noch ein oder zwei weitere Wiederholungen möglich.
Sehr schwer: Die Übung wird bis zur Erschöpfung fortgesetzt.

Für Anfänger gilt: Sie sollten mit einer Belastungsintensität anfangen, die als »etwas schwer« empfunden wird. Wichtig ist, dass die Übung korrekt durchgeführt wird. Schon nach wenigen Wochen regelmäßigen Trainings kann die Intensität auf mittelschwer, nach drei bis sechs Monaten (je nach Trainingshäufigkeit – ideal ist zweimal wöchentlich) kann die Intensität auf schwer erhöht werden. Sehr schwer ist für Nichtprofis nicht nötig.

Die einzelnen Trainingsphasen
Wie bei nahezu allen anderen Sportarten auch, kann im Fußball nach drei Trainingsphasen unterschieden werden:
– die Anpassungsphase
– die Aufbauphase
– die Stabilisationsphase
Das gilt sowohl für Anfänger als auch für Fortgeschrittene.

Anpassungsphase
In den ersten Trainingswochen steht die Anpassungsphase im Vordergrund. Bewegungsapparat, Herz-Kreislauf-System und Stoffwechsel sollen sich an die Belastung gewöhnen. Zwei Trainingsvarianten sind möglich:

Herkömmliches Krafttraining
Typisch für diese Trainingsform sind drei Sätze mit 12 bis 25 Wiederholungen pro Gerät bei normaler Geschwindigkeit. Beispiel Kniebeugen: eine Sekunde für das Absenken und eine Sekunde für das Strecken.

Slow-Motion-Krafttraining
Die neueste Trainingsvariante sind Kraftübungen im Schneckentempo. Pro Bewegungsamplitude drei Sekunden, insgesamt 90 Sekunden, also 15 Wiederholungen. Nur ein Satz ist nötig. Weiterer Vorteil: Bei keiner anderen Krafttrainingsform werden so viele Muskelfasern innerhalb eines Muskels rekrutiert wie bei der Slow-Motion-Variante.

Aufbauphase
Ist die entsprechende Grundlage gesetzt worden, geht es über zum so genannten Maximalkrafttraining. Die Intensität wird deutlich erhöht. Die Übungen sollten als »schwer« empfunden werden. In den ersten Wochen der Aufbauphase sollte man drei Sätze mit zwölf Wiederholungen, später drei Sätze mit sechs bis acht Wiederholungen durchführen. Die Pause zwischen den einzelnen Sätzen beträgt zwei bis drei Minuten.

Extra-Tipp: Leistungsorientierte Spieler sollten an jedem Gerät einen Maximalkrafttest durchführen. Damit lässt sich ermitteln, welches Gewicht bei einer einzigen Wiederholung maximal bewältigt werden kann. Dieses sollte aber nur unter Aufsicht, am besten eines Diplom-Sportlehrers, erfolgen. Das Training variiert dann zwischen 70 und 90 % der Maximalleistung.

Stabilisationsphase
Während der Saison ist es wichtig, das antrainierte Kraftniveau zu halten. Zwei Trainingseinheiten pro Woche reichen dafür aus. Ideal sind drei Sätze mit zehn bis zwölf Wiederholungen bei »mittelschwerer« bis »schwerer« Belastung.

Alles dynamisch
Bei fußballorientiertem Krafttraining spielen dynamische Beanspruchungen die Hauptrolle. Richtig ausgeführt sind sie für den Körper (Gelenke, Herz und Kreislauf) gut zu bewältigen.

Die Bewegungsgeschwindigkeit
Bezüglich der Bewegungsgeschwindigkeit während der Aufbau- und Stabilisationsphase empfehle ich ein individuell mittleres Tempo. Gerade bei Anfängern reicht die Technik für eine schnelle Bewegungsausführung noch nicht aus. Die Folge: Es kommt zu unkoordinierten Bewegungen, die Verletzungsgefahr steigt. Außerdem stellt die längere Anspannungszeit einen höheren Reiz für die Muskulatur dar, wodurch der Kraftzuwachs größer wird.

Eine Ausnahme von diesem Trainingsaufbau stellen nur die Übungen zur Kräftigung der Bauch- und Rückenmuskulatur dar. Da es sich um eine Haltemuskulatur handelt, gehören vorwiegend ST-Einheiten zur Faserausstattung. Diese reagieren am effektivsten bei einer langsamen oder statischen Belastung.

Das Stationstraining
Beginnen möchte ich mit dem Stationstraining. Wichtig ist, dass die für den Fußballspieler wichtigsten Muskelgruppen trainiert werden. Dazu zählen:

- vordere Oberschenkelmuskulatur (M. quadriceps femoris)
- hintere Oberschenkelmuskulatur (ischiocrurale Muskulatur)
- Wadenmuskulatur (M. gastrocnemius)
- Schussbeinmuskulatur (M. iliopsoas, M. quadriceps femoris)
- Bauchmuskulatur (Abdominale Muskulatur)
- Rückenmuskulatur (M. erector spinae)
- Brustmuskulatur (M. pectoralis major)
- Oberarmmuskulatur (M. triceps brachii)
- Deltamuskel (M. deltoideus)

Grundregeln für das Stationstraining
Die Beugemuskeln vor den Streckern trainieren. Grund: Meist sind die Beuger schwächer

Komplexe Übungen (z. B. mit Freihanteln) sollten für isolierte Übungen an speziellen Geräten trainiert werden.

Während des gesamten Trainings ist auf eine korrekte Haltung zu achten.

Die Lieblingsübungen sollte man sich für den Schluss aufbewahren. Zu Beginn sollten die schwächeren Muskeln trainiert werden. So beugt man muskulären Dysbalancen vor.

Richtig atmen
Die größte Gefahr beim Krafttraining besteht in der Pressatmung: die Wangen aufgebläht, der Mund fest geschlossen, der Kopf krebsrot, angeschwollene Adern im Halsbereich. Die Pressatmung macht aber – wenn überhaupt – nur bei sehr hohen Gewichten (Maximalkrafttraining) Sinn, weil es beim Pressen zu einer manschettenartigen Umspannung der Wirbelsäule kommt. Sie wird also geschützt. Besser ist aber eine regelmäßige Atmung, die die Bewegung steuert. Faustregel: Mit der Ausatmung fällt die jeweils anstrengendste Phase der Übung zusammen. Das ist meist beim Pressen oder Anheben eines Gewichts der Fall. Das Ausatmen sollte mit dem Absenken des Gewichts zusammenfallen.

Maschine oder Freihantel?
Kraftmaschinen, Freihanteln, Kabelzüge, Training mit und ohne Geräte – die Auswahl ist vielfältig. Das Wichtigste: Je vielseitiger das Krafttraining aufgebaut wird, desto bessere Trainingseffekte können erzielt werden. Hier ein Überblick:

Kraftmaschinen
Vorteil: Die Bewegungen werden von der Maschine ganz oder teilweise geführt. Die koordinativen Anforderungen halten sich in Grenzen, ideal also für Anfänger.
Nachteil: Dem Training an Maschinen sind Grenzen gesetzt. Der Grund: Das Zusammenspiel der Muskeln untereinander und die intramuskuläre Koordination können nicht optimal trainiert werden. Deshalb sollte man mit wachsender Leistungsfähigkeit mit Freihanteln arbeiten.

Freihanteln
Vorteil: Während an der Maschine immer die gleichen Muskelfasern beansprucht werden, kommen beim Freihanteltraining deutlich mehr Fasern zum Einsatz. Das Training wird also deutlich effektiver.

Nachteil: Bei Anfängern schleichen sich schnell Bewegungsfehler ein. Deshalb sollten sie auch nur unter Kontrolle trainieren.

5.5. Das Krafttraining

Hier die wichtigsten Übungen für Fußballspieler im Überblick:

Kniebeugen
Bei dieser Übung wird vornehmlich die für den Fußballer enorm wichtige Streckerkette der unteren Extremitäten (Hüft-, Bein und Kniestreckung) optimal trainiert. Nachdem der Spieler die Hantel auf seiner Schulter platziert hat, stellt er sich im hüftbreiten Stand vor einen Spiegel. Die Füße sind leicht nach außen gedreht. Der Oberkörper ist aufrecht.

Als Hilfsmittel sollte unbedingt ein Kraftgürtel getragen werden. Die Bewe-

Die Ausgangsstellung für die Kniebeuge ist der hüftbreite Stand. Knie und Fußspitzen bilden eine Linie.

> Die Endstellung der halben Kniebeuge ist individuell festzulegen.

gung erfolgt in der Halbkniebeuge, die individuell durch Hilfsmittel (Bank oder Stuhl) festzulegen ist. Beim In-die-Hocke-Gehen muss der Spieler auf seine Knieachse achten, d. h., die Kniescheibe und die Fußspitze bilden eine Linie.

Übung zur Kräftigung der Wadenmuskulatur

Das Training der Wadenmuskulatur erfolgt ebenfalls mit Hilfe einer Freihantel, die sich der Spieler auf die Schulter legt. Er stellt sich mit den Ballen auf eine Erhöhung und versucht sich bei vollständig gestrecktem Oberkörper auf die Zehenspitzen hochzudrücken.

Training der hinteren Oberschenkelmuskulatur

Der Spieler liegt mit dem Bauch auf dem Trainingsgerät. Der Hebelarm wird in Höhe der Ferse (Maleolengabel) platziert und mit Hilfe der Bein- und Gesäßmuskulatur zum Gesäß herangezogen. Der Spieler sollte darauf achten, das Gewicht nicht wieder aufzusetzen und bei der Übungsausführung nicht ein zu starkes Hohlkreuz zu machen.

> Ausgangs- und Endstellung für das Training der Wadenmuskulatur. Nur der Ballen steht auf der Erhöhung.

Training der Schussbeinmuskulatur (M. iliopsoas, M. quadriceps femoris)

Das Training der Schussbeinmuskulatur ist optimal nur an speziell dafür entwickelten Trainingsgeräten durchzuführen. Der Spieler stellt sich achsengerecht an das Gerät und positioniert den Hebelarm oberhalb des Knies auf dem Oberschenkel. Dann drückt er das Gewicht mit Hilfe der Hüftbeugemuskulatur nach vorne oben.

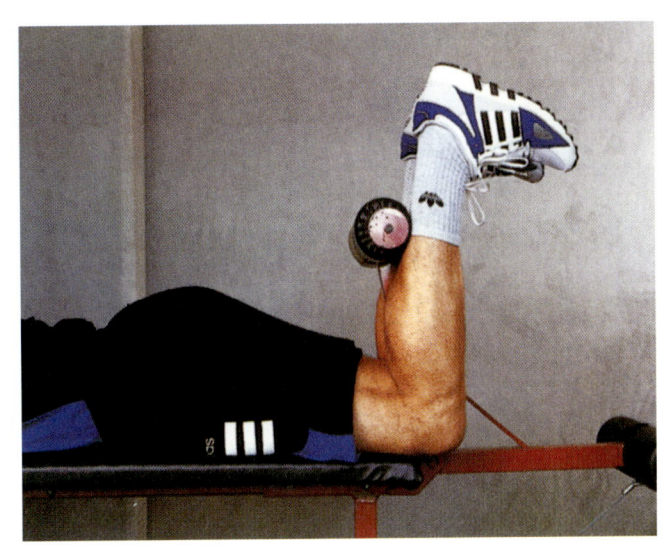

Das Gewicht kann bis zum Gesäß herangezogen werden, wobei kein Hohlkreuz entstehen darf.

Training der Brustmuskulatur (M. pectoralis major) durch Bankdrücken

Der Spieler liegt mit dem Rücken auf einer Trainingsbank und winkelt die Beine an. Er fasst die Hantelstangen in einem relativ weiten Griff und senkt diese bis knapp über dem Brustkorb ab, um sie anschließend wieder zur nicht vollständigen Streckung zu bringen. Neben der Brustmuskulatur wird gleichzeitig der Oberarmmuskel (M. triceps brachii) trainiert, der bei Einwürfen eine leistungsbestimmende Rolle spielt.

Training des Oberarmmuskels (M. triceps brachii), des Deltamuskels (M. deltoideus) und des Trapezmuskels (M. trapezius) mit Hilfe der Pull-over-Übung.

Mit dieser Übung soll speziell die Muskulatur trainiert werden, die ein Spieler für Einwürfe benötigt. Dabei legt er sich mit dem Rücken auf eine Trainingsbank und um-

Bei dieser Übung kommt es auf eine schnelle Bewegungsausführung an.

Die angewinkelten Beine verhindern eine Überlastung der Lendenwirbelsäule.

Auch bei dieser Übung kommt es auf eine schnelle Bewegungsausführung an.

Wenn die Fersen in den Boden gedrückt werden, kann die Hüftbeugemuskulatur ausgeschaltet werden.

fasst die Hantel mit einem mittelweiten Griff. Die Hantel wird hinter den Kopf nach unten und anschließend nach vorne oben geführt (Augen- bzw. Brusthöhe).

Übungen zur Kräftigung der Bauchmuskulatur

Bei der Bauchmuskulatur wird zwischen geraden und schrägen Muskeln unterschieden. Als gutes isoliertes Training der Bauchmuskulatur hat sich zum einen die Stufenlagerung, zum anderen die Stemmhalte als ideale Ausgangsposition erwiesen. Bei der Stufenlagerung legt sich der Spieler auf den Rücken und beugt die Hüfte bis zu einem 90-Grad-Winkel. Die Unterschenkel sind parallel zum Boden.

Bei der Stemmhalte werden die Beine angewinkelt. Die Fußspitzen zeigen zur Decke und die Fersen werden in den Boden gestemmt. Der Kopf ist leicht abgehoben, so dass ein Doppelkinn entsteht.

Bei beiden Positionen können sowohl die geraden als auch die schrägen Bauchmuskeln trainiert werden. Die geraden Bauchmuskeln werden trainiert, indem man den Oberkörper nach vorne oben aufrichtet, bis die Schulterblattspitzen den Boden verlassen haben (nicht weiter).

Beim Training der schrägen Bauchmuskulatur wird der Oberkörper ebenfalls vom Boden abgehoben, wobei eine

Das Krafttraining

Die Stufenlagerung wird eingenommen, um die Bauchmuskulatur isoliert zu trainieren.

Der Oberkörper wird nur so weit abgehoben, dass die Schulterblattspitzen den Boden verlassen.

Beim Training der Bauchmuskulatur ist eine langsame Bewegungsausführung wichtig.

Die Knie müssen waagerecht nach oben geführt werden. Die Hände dürfen nicht unterstützend wirken.

Schulter dann zum diagonalen Knie geführt wird.

Für Spieler, die bereits über eine gut entwickelte Bauchmuskulatur verfügen, bietet sich eine erweiterte Übungsform an. Mit ihr werden die unteren Anteile der Bauchmuskulatur trainiert.

Beim Bauchmuskeltraining sind zwei Varianten möglich:

- Die Endstellung über vier Serien so lange halten, wie es maximal möglich ist.
- Langsames Heben und Senken des Oberkörpers über vier Serien mit maximal möglicher Wiederholungszahl.

Der Spieler liegt auf dem Rücken und hat die Beine in einem 90-Grad-Winkel abgehoben. Die Fußspitzen sind angezogen.

Aus dieser Position heraus soll das Gesäß vom Boden abgehoben werden, ohne dass sich die Beine dem Körper annähern.

Auch für diese Übung gelten die oben genannten Trainingsvarianten.

Training der Rückenmuskulatur (M. erector spinae)
Beim Training der Rückenmuskulatur legt sich der Spieler so auf einen Kasten, dass er die Hüfte beugen kann. Stabilisation erhält er, wenn er seine Füße in eine Sprossenwand hängt. Aus dieser Position kann er mit und ohne Zusatzgewicht den Oberkörper bis in die Waagerechte (nicht höher) führen und wieder absenken.

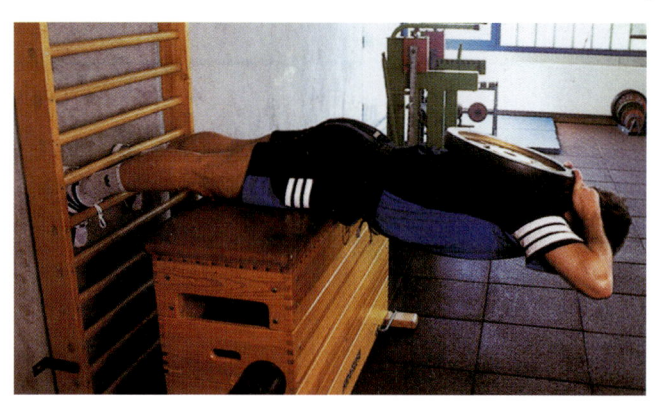

Der Oberkörper ist nur bis zur Waagerechten zu führen, damit kein Hohlkreuz entsteht. Trainingsdurchführung: 4 Serien mit 10 bis 20 Wiederholungen, je nach Leistungsvermögen.

5.6. Das Circuittraining

Das Circuittraining ist eine hoch effektive Form des Konditionstrainings, mit dem die körperliche Leistungsfähigkeit entwickelt, wiederhergestellt oder erhalten werden kann. Je nach Aufbau eines Circuits können Kraft, Schnelligkeit und Ausdauer sowie besonders deren Mischformen sehr effektiv trainiert werden. Die wichtigsten Muskelgruppen werden im ständigen Wechsel belastet. Die individuelle Belastung und der Leistungsfortschritt lassen sich leicht ermitteln. Auch organisatorisch bietet das Circuittraining Vorteile, denn man kann eine große Zahl von Spielern (eine ganze Mannschaft) auf relativ kleinem Raum, bei rationeller Nutzung aller vorhandenen Möglichkeiten, gleichzeitig trainieren lassen. Circuittraining eignet sich hervorragend zur Verbesserung der allgemeinen Kraftfähigkeit. Die Auswahl der Übungen erfolgt fußballspezifisch, d. h. die für den Fußballer wichtigsten Muskelgruppen sollen an den einzelnen Stationen trainiert werden. Diese Trainingsart bietet eine willkommene Abwechslung und kann die Spieler entsprechend motivieren. Sie werden zur Selbständigkeit und zur richtigen Selbsteinschätzung erzogen.

Im Circuittraining kommt es darauf an, in der vorgegebenen Zeit möglichst viele Wiederholungen zu schaffen. Zur Steigerung des Trainingseffektes bieten sich zwei zusätzliche Varianten an:

1. Übungen zur Kräftigung der Bein- und Oberkörpermuskulatur werden, mit Ausnahme von Medizinballwürfen, die explosiv ausgeführt werden, mit einem mittleren Bewegungstempo durchgeführt. So ist jeder Spieler in der Lage, eine korrekte, technisch einwandfreie Bewegung auszuführen. Der Trainingseffekt ist entsprechend hoch.

2. Übungen zur Kräftigung der Rumpfmuskulatur (Bauch und Rücken) werden auch im Rahmen des Circuittrainings, aufgrund der muskulären Besonderheiten der Rumpfmuskulatur, mit moderatem Tempo ausgeführt.

Durchführung eines Circuittrainings:
Bei einem Zirkel zur Verbesserung der allgemeinen Kraftfähigkeiten liegen die Belastungszeiten zwischen 30 und 60 Sekunden. Die Pausenzeit entspricht jeweils der Belastungszeit. In diesem Zeitraum sind je nach

Bewegungsgeschwindigkeit 15 bis 30 Wiederholungen möglich. Es können je nach Leistungsstand und Anzahl der Übungen drei bis fünf Durchgänge absolviert werden. Ziel dieses Trainings ist eine Verbesserung des Stehvermögens und damit verbunden eine Erhöhung der Ermüdungsresistenz.

Damit eine optimale Durchführung des Circuittrainings gewährleistet ist, sind einige Punkte zu beachten:

- die Reihenfolge der Stationen ist festzulegen
- nicht zweimal hintereinander die gleiche Muskelgruppe trainieren
- gleich starke Spieler müssen eingeteilt werden
- ein ausrechend intensives Aufwärmprogramm ist vorgeschaltet
- Belastungs- und Pausenzeiten müssen festgelegt werden

Übungsbeispiele zum Training der Beinmuskulatur

- Halbe Kniebeugen (90°-Winkelstellung im Kniegelenk)
  Die Kniebeugen werden mit Zuatzgewichten wie Sandsack, Hantelstange oder Gewichtsweste durchgeführt.
- Sprungvariationen, dazu zählen:
  – Hockstrecksprünge beidbeinig (90°-Winkelstellung im Kniegelenk)
  – Hockstrecksprünge aus der Schrittstellung (90°-Winkelstellung im Kniegelenk)
  – Strecksprünge mit Anhocken der Beine
  – Fußgelenksprünge bei gestrecktem Oberkörper und angezogenen Fußspitzen
  – Hockstrecksprünge mit Zusatzlast
  – Kastenaufsprünge
  – Kastenaufsteigen im Wechsel, mit und ohne Zusatzlast
  – Seitsprünge über die Langbank
  – Seilspringen

Übungsbeispiele zum Training der Arm- und Schultermuskulatur:

- Liegestütze in folgenden Variationen:
  – Normale Liegestütze mit gestrecktem Körper und leicht nach innen geneigten Händen
  – Liegestütze im Wechsel rechten Arm und linken Arm betonen
  – Liegestütze mit den Füßen auf einer Erhöhung
  – Liegestütze mit Zusatzlast
- Medizinballwürfe (explosive Ausführung):
  – Überwürfe (wie Einwürfe)
  – Überwürfe aus der Schrittstellung
  – Medizinballstoßen (Hände vor der Brust und explosiver Ausstoß)
  – Medizinballstoßen einarmig (wie Kugelstoßen)
  – Überwürfe mit dem Rücken zur Wand (beim Abwurf gestreckter Oberkörper)
- Übungen am Barren:
  – Dips im Stütz am Barren (hoch- und runterdrücken)
  – Klimmzüge aus dem Liegehang
  – Barren im Stütz durchlaufen
- Übungen am Reck:
  – Klimmzüge mit Ristgriff, Kammgriff oder Zwiegriff
  – Klimmzüge mit dem Kopf vor der Stange
- Übungen zum Training der Rückenmuskulatur:
  – In Bauchlage die Füße aufsetzen und in den Boden drücken, die Beine strecken, so dass die Kniescheiben vom Boden abgehoben sind, Arme sind nach vorne gestreckt, den Oberkörper leicht heben und senken, ohne wieder ganz abzulegen.
  – Rückentraining in Bauchlage auf einem Längskasten .
  – Rückentraining in Bauchlage auf einem Kasten, die Beine strecken und beugen.

5.7. Das vorbereitende Sprungkrafttraining

Wie das Circuittraining dient das vorbereitende Sprungkrafttraining der Verbesserung des allgemeinen Kraftniveaus. Alle drei Trainingsarten haben außerdem koordinativen Charakter und dienen der Technikvorbereitung der später folgenden Sprungformen. Wer die vorbereitenden Sprünge technisch beherrscht, ist in der Lage, die im darauf folgenden Schnellkrafttraining zu absolvierenden Sprünge leichter und damit effektiver umzusetzen. Was den Verlauf des Trainings über ein Jahr hinweg betrifft, ist folgende Reihenfolge empfehlenswert:

vorbereitende Sprünge (kleine Sprünge) ⇨ reaktiv horizontale Sprünge ⇨ reaktiv vertikale Sprünge ⇨ plyometrische Sprünge.

Auf die Definitionen der einzelnen Sprungformen werde ich noch gezielt eingehen.

Zu den vorbereitenden Sprüngen und Kraftformen zählen Hopserläufe, Fußgelenksprünge, Seilhüpfen, Schlittschuhsprünge, Kniehebeläufe und Ausfallschrittgehen. Bei der Bewegungsausführung sind die nachstehenden Technikhinweise zu beachten:

Hopserläufe
Beim Absprung kommt es zur vollständigen Streckung des Absprungbeines. Das Schwungbein wird bis zur Waagerechten angehoben. Die Arme unterstützen die Bewegung koordinativ. Hopserläufe können, je nach Intensität, über eine Strecke von 20 bis 40 Metern durchgeführt werden.

Fußgelenksprünge
Bei den Fußgelenksprüngen ist der ganze Körper gestreckt. Es wird nur mit Hilfe der

Beim Hopserlauf kommt es zu einem explosiven Abdruck mit Hilfe der Wadenmuskulatur.

Fußgelenksprünge können schnell mit geringer Höhe oder mit explosivem Abdruck und großer Höhe absolviert werden.

Wadenmuskulatur gearbeitet. Nach dem Absprung sind die Fußspitzen anzuziehen. Die Bodenkontaktzeit beim Aufsetzen der Füße ist so gering wie möglich zu halten. Fußgelenksprünge können in langsamer Ausführung, mit hoher Sprunghöhe oder in sehr schneller Ausführung mit geringer Sprunghöhe durchgeführt werden. Die Wiederholungszahlen bei den Fußgelenksprüngen liegen zwischen zehn und 20.

Seilhüpfen

Die Bewegungsausführung gleicht denen der Fußgelenksprünge. Variationen sind in der Geschwindigkeit und der Sprunghöhe gegeben. Je nach Art des Trainings (Schnellkraft oder Kraftausdauer) zwischen 20 Wiederholungen und mehreren Minuten.

Schlittschuhsprünge

Diese Sprünge werden mit gebeugten Knien und nach vorne gelagertem, geradem Oberkörper durchgeführt. Die Hände liegen auf dem Rücken. Die Bewegungsausführung gleicht der des Schlittschuhläufers, mit dem Unterschied, dass hier gesprungen werden muss. Variationen sind in der Explosivität des Absprungs und der seitlichen Weite der Sprünge gegeben. Anfänger sollten nach erfolgter Landung zunächst einen Augenblick verharren, um sich auf den nächsten Sprung vorzubereiten und nicht mehr als drei Serien von zwölf Wiederholungen durchführen. Fortgeschrittene können fünf Serien mit bis zu 15 Wiederholungen absolvieren.

Kniehebeläufe

Kniehebeläufe werden mit einem hohen Kniehub (mindestens bis zur Waagerechten) durchgeführt. Der Oberkörper ist gestreckt und nur ganz leicht nach vorne geneigt. Die Arme werden in Laufrichtung geführt. Man sollte pro Meter etwa drei bis vier ganzheitliche Bewegungen durchführen. Da die Koordination von Beinen und

Schlittschuhsprünge werden mit nach vorn geneigtem Oberkörper und geradem Rücken durchgeführt.

In der Übergangsphase kommt es zu einem betonten Kniehub und vollständiger Streckung des Körpers.

Armen besonders den Anfängern Schwierigkeiten bereitet, können die Kniehebeläufe auch mit steif hängenden Armen durchgeführt werden. Bei guter Koordination kann man die Kniehebeläufe mit nach vorne oder nach oben gestreckten Armen variieren. Die Streckenlänge variiert je nach Trainingszustand zwischen 15 und 50 Metern.

Ausfallschrittgehen
Hierbei handelt es sich um eine vorbereitende Kraftübung, die in besonderem Maße die Gesäßmuskulatur kräftigt. Der Spieler geht dabei in der Übergangsphase mit betont hohem Kniehub und entsprechendem Armeinsatz in den weiten Ausfallschritt und drückt sich aus diesem wieder nach oben in den nächsten weiten Ausfallschritt. Wer über ein gutes Kraftniveau verfügt, kann Zusatzlasten benutzen. Da diese Übung sehr schnell einen Muskelkater verursachen kann, ist bei Anfängern sehr behutsam (höchstens drei Serien mit zehn Wiederholungen) vorzugehen. Spieler, die diese Übung gewohnt sind, können drei bis fünf Serien mit zehn bis 15 Wiederholungen durchführen.

5.8. Spezielle Krafttrainingsmethoden

Das spezielle Krafttraining dient der Entwicklung und Verbesserung der sportartspezifischen Fähigkeiten. Zu den speziellen Krafttrainingsmethoden zählen das Maximalkraft-, Schnellkraft- und Kraftausdauertraining. Die Grundlage für ein Erfolg versprechendes spezielles Krafttraining holt sich der Spieler im allgemeinen Krafttraining. Erst bei einem ausreichenden Kraftniveau und guter Koordination sollte der Spieler mit dem speziellen Krafttraining beginnen, da sonst die Verletzungsgefahr oder die Gefahr des Übertrainings zu groß ist.

Das Maximalkrafttraining
Das Prinzip des Maximalkrafttrainings ist es, durch hohe Reizintensitäten möglichst viele motorische Einheiten in der beanspruchten Muskulatur anzusprechen. Eine Verbesserung der Maximalkraft ist auf zweierlei Weise möglich:
1. Kraftzuwachs durch eine erhebliche Vergrößerung der Muskelmasse.
2. Kraftzuwachs durch ein verbessertes muskuläres Zusammenspiel.

Die Weite des Ausfallschritts muss so gewählt werden, dass der Spieler in der Lage ist, wieder in die Übergangsphase zu gelangen.

Voraussetzung ist ein Training im submaximalen bis maximalen Intensitätsbereich. Dieser liegt bei gut trainierten Spielern im Bereich zwischen 85% und 100% der Maximalkraftleistung.

Es gibt drei Formen des Maximalkrafttrainings:

- Die Arbeit mit einem submaximalen Gewicht bis zur Erschöpfung.
- Das einmalige Heben eines Maximalgewichtes.
- Die Arbeit mit einem leichten bis mittleren Gewicht, bei der die Übungsausführung mit möglichst maximaler Geschwindigkeit erfolgt.

Bei der ersten Form wird erst dann ein größtmöglicher Reiz ausgelöst, wenn infolge der Ermüdung eine ständig wachsende Zahl von motorischen Einheiten zum Einsatz kommt. Um einen optimalen Effekt zu erzielen, muss also bis zur völligen Ermüdung trainiert werden. Da diese Form des Krafttrainings leicht umzusetzen und die Verletzungsgefahr sehr gering ist, wird sie besonders Anfängern empfohlen. Der Nachteil liegt in dem großen Arbeits- und Zeitaufwand. Daher wird die zweite Methode, das einmalige Heben eines Maximalgewichtes, von den Leistungssportlern bevorzugt. Man benötigt weniger Zeit und auch mit ihr lässt sich eine optimale Koordination erreichen.

Die dritte Form des Maximalkrafttrainings dient ausschließlich der Schnellkraftentwicklung in bestimmten Bewegungsabläufen. Ein effektives Maximalkrafttraining ist immer auch mit einem höchstmöglichen Willenseinsatz verbunden. Motivation und Einstellung des Spielers müssen stimmen.

Beispiel eines Maximalkrafttrainings:
Eine besonders effektive Übungsform des Maximalkrafttrainings stellt die Kniebeuge dar. Mit dieser Übungsform ist vor allem die Maximalkraftfähigkeit der Streckerkette der unteren Extremitäten (Hüft-, Bein- und Fußstreckung) optimal trainierbar. In wissenschaftlichen Untersuchungen konnte der hochsignifikante Zusammenhang zwischen der Maximalkraft der Beinstreckmuskulatur und der 10-Meter-Sprintzeit nachgewiesen werden. Diese Distanz kommt in der Häufigkeitsverteilung der Laufstrecken, die ein Fußballspieler im Laufe eines Spiels zurücklegt, am häufigsten vor.

Die Erfahrung hat gezeigt, dass hinsichtlich des Bewegungstempos eine mittlere Geschwindigkeit ideal ist. Wer jedoch über eine gute Bewegungskoordination, auch bei maximalen Gewichtsbelastungen, verfügt, sollte eine möglichst zügige (sprintspezifische) Bewegung ausführen.

Um das Training der Beinstreckmuskulatur mit Hilfe der Kniebeuge möglichst effektiv auszuführen, muss zunächst wieder das aktuelle Leistungsniveau jedes einzelnen Spielers ausgetestet werden.

Das Übungsprogramm läuft folgendermaßen ab:
6–10 Wiederholungen mit 60–70% (als Erwärmung)
4–5 Wiederholungen mit 80%
3 Wiederholungen mit 85%
3 Wiederholungen mit 90%
2 Wiederholungen mit 92,5%
1 Wiederholung mit 95%
1 Wiederholung mit 97,5%

Die Serienpause beträgt vier bis fünf Minuten. Das Training sollte immer wenigstens zu zweit durchgeführt werden. Vor einem Maximalkrafttraining sollten immer Sprünge absolviert werden, um die Muskulatur auf die bevorstehende Belastung vorzubereiten. Zwischen den einzelnen Serien sind zehn bis zwölf explosive Fußgelenksprünge mit möglichst kurzer Bodenkontaktzeit durchzuführen. Nach dem Krafttraining empfiehlt es sich, drei bis fünf koordinative Läufe (Abläufe) über eine Strecke von

60 Metern mit geringer Intensität zu absolvieren.

Neben der Halbkniebeuge kann ebenso das Bankdrücken in der gleichen Trainingsvariante durchgeführt werden. Das Training der Wadenmuskulatur und der Schussbeinmuskulatur sollte aufgrund der technisch schwer durchführbaren Bewegungsform so aussehen:

3–5 Serien mit 6–10 Wiederholungen bei 80% der Maximalkraftleistung in zügiger Bewegungsausführung.

5.9. Das Schnellkrafttraining

Die Schnellkraft zählt zu den wichtigsten konditionellen Eigenschaften eines Fußballspielers. Er benötigt sie für die Schusskraft, Sprungkraft und Wurfkraft, für Antritte und Sprints. Ziel des Schnellkrafttrainings ist eine Erhöhung der Kontraktionsgeschwindigkeit und eine Verbesserung des muskulären Zusammenspiels.

Schnellkrafttraining zeichnet sich durch hohe Bewegungsgeschwindigkeiten aus. Trainingsmethodisch ist es die Fähigkeit des neuromuskulären Systems, hohe Widerstände mit hohen Kontraktionen zu bewältigen. Den größten Trainingserfolg kann man nur in Verbindung mit den Maximalkrafttrainingsarten erreichen, da die Maximalkraft die wichtigste Komponente der Schnellkraft darstellt. Die Schnellkraftfähigkeit hängt von folgenden Faktoren ab:

- von der Kontraktionskraft der eingesetzten Muskelfasern, insbesondere des Maximalkraftanteils
- von der Zahl der motorischen Einheiten, die bei Bewegungsbeginn gleichzeitig eingesetzt werden können
- von der Kontraktionsgeschwindigkeit der aktivierten Muskelfasern, die abhängig ist vom Anteil an FT-Fasern
- von der Qualität der intermuskulären Koordination

Neben der Verbesserung der Maximalkraft eignet sich besonders das so genannte reaktive Training zur Verbesserung der Schnellkraft. Dabei handelt es sich um eine Trainingsmethode, in der negativ dynamische Arbeit mit positiv dynamischer Arbeit explosiv verbunden wird. Folgende Übungen gehören zum reaktiven Training:

- Alle Formen von horizontalen Sprüngen, insbesondere Sprungläufe und Einbeinsprünge
- Kastenaufsprünge, mit und ohne Zusatzlast
- Hürdensprünge
- Niedersprünge

Der große Vorteil dieser Trainingsform ist die Einbeziehung der Kraftbeanspruchung in den sportartspezifischen Bewegungsablauf. Charakteristisch für das reaktive Training sind kurze Bodenkontaktzeiten (unter 0,2 Sekunden) und daraus resultierende geringe Beugewinkel der Fuß-, Knie- und Hüftgelenke sowie die vollständige Streckung im Absprung. Sprünge auf einer Weichbodenmatte haben meist keinen reaktiven Charakter, da der weiche Mattenboden ein schnelles Arbeiten verhindert. Zu den wichtigsten Sprungformen zur Verbesserung der Schnellkraft zählen Sprungläufe und Einbeinsprünge.

Sprungläufe
Der Sprunglauf stellt eine hoch effektive Form des reaktiven Schnellkrafttrainings dar. Es handelt sich dabei um eine sprintspezifische Bewegungsform, in der es besonders auf den explosiven Abdruck und eine kurze Bodenkontaktzeit ankommt. Die Sprunglaufleistung ist eng an die Sprintleistung gekoppelt.

Absprungphase:
Nach einem explosiven Fußabdruck kommt es zur vollständigen Streckung von Hüfte, Knie und Fuß. Das Schwungbein wird bis

zur Waagerechten angehoben. Die Fußspitze des Schwungbeins zeigt nach oben. Die Arme wirken unterstützend.

Flugphase:
In der Flugphase werden die Schwungelemente fixiert. Die Arme wirken stabilisierend. Das Schwungbein behält die waagerechte Position bei, das Absprungbein kann gebeugt werden.

Landephase:
In der Landephase setzt der ganze Fuß auf. Hüfte, Knie und Fuß werden nur ganz leicht gebeugt, um die Bodenkontaktzeit so kurz wie möglich zu halten.

Der Sprunglauf kommt der Bewegungsform des Sprints am nächsten. Der Krafteinsatz ist allerdings wesentlich größer.

Mit Hilfe der Sprungkraftleistung lässt sich bis auf die Zehntelsekunde genau auch die die Sprintleistungsfähigkeit bestimmen.

Einbeinsprünge

Absprungphase:
Nach einem explosiven Abdruck kommt es zur vollständigen Streckung in Hüfte, Knie und Fuß. Das Schwungbein wird bis zur Waagerechten geführt. Einbeinsprünge verlangen vom Spieler ein hohes Kraftniveau und eine gute Koordination.

Flugphase:
In der Flugphase wird eine stabile Haltung eingenommen. Während das Schwungbein abgesetzt wird, wird das Absprungbein in hoher Führung (Waagerechte) nach vorne geführt.

Landephase:
Der ganze Fuß wird aufgesetzt. Hüfte, Knie und Fuß sind nur ganz leicht gebeugt, um so eine kurze Bodenkontaktzeit zu gewährleisten.

Der Sprunglauf kommt der Bewegungsform des Sprints am nächsten. Der Krafteinsatz ist allerdings wesentlich größer.

Das Schnellkrafttraining

Vor dem Absprung werden die Muskeln bereits angespannt, um so eine höhere Kraft zu entfalten.

Nur der Ballen berührt den Kasten, damit man sofort wieder zu einem neuen Sprung ansetzen kann.

Kastensprünge
Kastensprünge werden beidbeinig ausgeführt. Die Bewegungsausführung ist ebenfalls explosiv, mit geringen Beugewinkeln in Hüfte, Knie und Fuß und möglichst kurzen Bodenkontaktzeiten.

Die Höhe des Kastens ist individuell unterschiedlich. Der Spieler muss in der Lage sein, die Sprünge schnellkräftig durchzuführen. Verharrt er zwischen den Sprüngen, um neu anzusetzen, ist die Kastenhöhe herunterzusetzen. Die Füße werden beim Absprung etwa hüftbreit gestellt.

Besonders beim Absprung ist darauf zu achten, dass die Knieachse (Knie und Fußspitze bilden eine Achse) eingehalten wird.

Hürdensprünge
Hürdensprünge werden ebenfalls beidbeinig ausgeführt. Als Sprunghürden sollten besonders bei Anfängern keine starren Wettkampfhürden verwendet werden, da die Verletzungsgefahr besonders bei Ermüdung zu groß ist. Wer keine Sprunghürden (Zacharias-Hürden) zur Verfügung hat, sollte kreativ werden (z. B. Gummiseile spannen).

Bei der Übungsausführung werden die Füße wiederum hüftbreit gestellt. Neben

Die Bodenkontaktzeit zwischen den Hürden ist so gering wie möglich zu halten.

der vollständigen Streckung in Hüfte, Knie und Fuß beim Absprung sind kurze Bodenkontaktzeiten Ziel der Bewegungsausführung. Die Höhe der Hürden ist wiederum individuell unterschiedlich.

Niedersprünge
Bei Niedersprüngen von hohen Kästen, die mit einem geringen Kniebeugewinkel durchgeführt werden, kann die höchste Muskelaktivität und dementsprechend der höchste Trainingsreiz gesetzt werden. Werden Niedersprünge mit großen Beugewinkeln durchgeführt, besteht besonders bei ungenügend trainierten Spielern die Gefahr eines starken Muskelkaters.

Technikbeschreibung:
Der Spieler steht auf einem Kasten, der in etwa der Höhe entsprechen soll, die er beim Aufsprung auf den Kasten bewältigen kann. Aus gestreckter Körperhaltung springt der Spieler vom Kasten und versucht mit möglichst geringen Beugewinkeln zu landen.

Trainingsdurchführung bei der Schnellkraft: Für Anfänger drei, für Fortgeschrittene drei bis fünf und für Profispieler sechs bis zehn Serien mit sechs bis zehn Wiederholungen bei hohem bis höchstem Bewegungstempo. Die Pausen zwischen den Serien betragen zwei bis vier Minuten. Reaktives Training sollte nur in einem ausgeruhten Zustand durchgeführt werden.

5.10. Das Kraftausdauertraining

Kraftausdauer definiert sich als Widerstandsfähigkeit gegen Ermüdung bei lang anhaltenden oder sich wiederholenden Belastungen. Sie ist abhängig von der Maximalkraft und von der aeroben und anaeroben Ausdauer. Es wird zwischen Schnellkraftausdauer und Kraftausdauer unterschieden. Die Schnellkraftausdauer ist für den Fußballspieler von leistungsentscheidender Bedeutung. Ein Spieler muss in der Lage sein, über einen längeren Zeitraum (90 Minuten und mehr) schnellkräftig zu agieren, ohne dabei Leistungseinbußen in den Bereichen Schuss-, Sprung- und Startkraft zu haben. Voraussetzung dafür ist eine schnelle Erholungsfähigkeit der Muskulatur, die von der lokalen aeroben und anaeroben Ausdauerleistung abhängig ist. Die Kraftausdauer spielt vor allem bei der Entwicklung der Rumpfmuskulatur eine wichtige Rolle.

Die Erzeugung der Kraftausdauer stellt besondere Anforderungen an die intramuskuläre Koordination: Für das Training bedeutet dies, dass vorrangig extensive Trainingsreize gesetzt werden, d. h. geringe Gewichte und hohe Wiederholungszahlen bei mittleren Bewegungsgeschwindigkeiten.

Die Reizstärke ist submaximal, aber dennoch so hoch, dass schnelle Muskelfasern angesprochen werden.

Der Trainingsaufbau zur Schulung der Schnellkraft- und Kraftausdauer sieht so aus:

Für das Stationstraining:
– vier Serien à zehn Wiederholungen mit einer Intensität von 60–80% der Maximalkraftleistung. Die Serienpause beträgt drei bis vier Minuten.

Für die Sprungformen:
– vier Serien von 30- bis 100-m-Sprungläufen auf Weite
– vier Serien von zehn bis 20 Wiederholungen Einbeinsprünge auf Weite
– vier Serien von zehn bis 15 Kastenaufsprüngen
– vier Serien von zehn Hürdensprüngen

Für das Training der Rumpfmuskulatur:
– vier Serien mit maximal möglicher Wiederholungszahl für die geraden, schrägen und unteren Bauchmuskeln
– vier Serien mit zehn bis 20 Wiederholungen für die Rückenmuskulatur
– die Kraft- und Schnellkraftausdauer lassen sich auch hervorragend im Rahmen des Circuittrainings verbessern

5.11. Spezielle Krafttrainingsformen

Zu den speziellen Krafttrainingsformen zähle ich das konträre Krafttraining und das isokinetische.

Beim konträren Krafttraining wird dem dynamischen Teil einer Übung ein statischer vorgeschaltet. Dieses Training möchte ich am Beispiel der Kastensprünge erklären:

Der Spieler steht im hüftbreiten Stand vor dem Kasten. Er geht in die Viertelkniebeuge und spannt die Muskulatur an. Dann versucht er, ohne Ausholbewegung so explosiv wie möglich aus der Vorspannung heraus abzuspringen. Durch die Vorspannung wird eine größere Anzahl von neuromotorischen Einheiten innerviert, wodurch sich die Kontraktionskraft beim dynamischen Teil der Bewegung (explosiver Absprung) deutlich erhöht.

Isokinetisches Training ist nur an speziell dafür entwickelten Geräten möglich. Diese sind so konstruiert, dass der Trainierende gegen einen maximalen Widerstand, bei konstant gehaltener Bewegungsgeschwindigkeit, arbeitet. Ein großer Vorteil ist, dass für jeden Gelenkwinkel eine maximale Spannungsentwicklung erzeugt wird. Die Isokinetik wird häufig und sehr erfolgreich in der Rehabilitation angewandt. Bei gesunden Athleten ist sie in Bezug auf die Kraftzunahme mit den dynamisch-konzentrischen Kontraktionen gleichzusetzen. Ein Nachteil ist die fehlende sportartspezifische Bewegungsform und die somit fehlende Koordinationsschulung.

Ganz neu: propriozeptives Training
Erst seit ein paar Jahren – nach der Entwicklung von Hightechapparaten wie Computer- oder Magnetresonanztomografen – wissen Ärzte um die Bedeutung von Nerven und Muskeln. Neurophysiologen wissen mittlerweile genau, was sich in unserem Körper so alles abspielt. Und sie können uns erstaunliche Ergebnisse präsentieren: So hängt jede Bewegung vor allem vom perfekten Zusammenspiel der Nerven und Muskeln und ihrer Kontrolle über sämtliche Gelenke ab. Unsere Sinne, so die Erkenntnisse der noch ganz jungen Forschungsrich-

tung, funktionieren in einem kompliziert verzweigten und komplexen Netz von Rezeptoren und Nervenbahnen, die äußere und innere Eindrücke registrieren und zu den Steuerungszentren im Gehirn leiten. Dazu werden dem Körper über so genannte Propriozeptoren ständig Informationen übermittelt, damit er autonom über seinen Bewegungsapparat und die Muskelketten auf Einflüsse reagieren kann, etwa auf Gleichgewichtsverlagerungen durch Bewegung.

Bewegung und Koordination entwickeln sich aus dem Zusammenspiel der Sinne mit möglichst vielen Körperbewegungen. Das Gehirn lernt, aus den zahlreichen Botschaften von den Rezeptoren (Meldeorganen) in den ersten Lebensmonaten und -jahren die geeigneten Bewegungs- und Haltungsprogramme zu entwickeln. Und je gezielter und regelmäßiger man übt, desto größer wird das körperliche Bewusstsein. Das psychische und physische Gleichgewicht stabilisiert sich und unser Leistungspotential nimmt zu. Propriozetives Training wird bereits von vielen Leistungssportlern genutzt.

Beim propriozeptiven Training werden z.B. Kraftübungen wie Kniebeugen auf wackligem Untergrund (extrem weiche Matte oder gar Kreisel) durchgeführt. Der Körper muss also nicht nur das Gewicht bewältigen, sondern auch gleichzeitig das Gleichgewicht halten. Folge: Es kommen viel mehr Muskelfasern zum Einsatz. Ideal sind auch Übungen auf dem großen Ball.

5.12. Die Periodisierung des Krafttrainings

Das grundlegende Ziel jeder Trainingsmaßnahme ist es, die Leistungsfähigkeit des Sportlers zu steigern. Die durch Training ausgelösten Anpassungserscheinungen können diese Leistungssteigerung bewirken. Um Trainingsprogramme effektiv zu gestalten, ist eine Periodisierung unbedingt notwendig. Einige grundlegende Dinge sind für den Erfolg des Trainings von entscheidender Bedeutung:

Das Leistungsniveau

Zunächst ist eine Einschätzung des Leistungspotentials der Spieler sehr wichtig. Bestimmte effektive Trainingsmethoden können für unvorbereitete Spieler eine zu hohe Belastung darstellen und statt einer Leistungsverbesserung eine Verschlechterung bewirken. Hinzu kommt die erhöhte Verletzungsgefahr, bedingt durch auftretenden Muskelkater oder motorisch zu anspruchsvolle Übungen. Eine Leistungsdiagnostik der Kraftfähigkeiten ist mit Hilfe von Testformen leicht zu erstellen.

Die Periodisierung

Damit das Krafttraining zum gewünschten Erfolg führt, ist ein allgemeines Krafttraining zum Aufbau der Muskulatur unbedingt notwendig. Dieses Training ist besonders in den unteren Leistungsbereichen über mehrere Wochen (für einen optimalen Erfolg sind sechs Wochen nötig) durchzuführen. Erst ab einem bestimmten Leistungsniveau sollte mit dem speziellen Krafttraining begonnen werden. In den unteren Klassen, in denen nur dreimal wöchentlich trainiert wird, ist ein allgemeines Krafttraining völlig ausreichend. Erst ab vier und mehr Trainingseinheiten in der Woche kann auch ein spezielles Krafttraining durchgeführt werden. Spieler, die selbständig weitere Trainingseinheiten durchführen wollen, sollten dies zumindest in den ersten Monaten unter Aufsicht tun, damit sich keine Fehler einschleichen, die später nur schwer wieder zu beseitigen sind.

Wer in seiner Stadt oder in seiner näheren Umgebung einen Leichtathletikverein hat, sollte dort anfragen, ob er mittrainieren kann, da in diesen Vereinen meistens ein sehr gutes Training angeboten wird.

Gute Leichtathletikvereine verfügen außerdem über einen speziell ausgebildeten Trainerstab. Einige Bundesligavereine werden von Leichtathletiktrainern konditionell betreut.

Die Effektivität
Eine Trainingsmethode ist dann als effektiv anzusehen, wenn mit ihr ein schneller Leistungszuwachs erzielt wird. Der Aufbau einer Trainingseinheit (Prinzip der richtigen Belastungsfolge) ist genau zu planen. Ein Sprinttraining nach einer intensiven Ausdauerbelastung ist völlig uneffektiv. Von entscheidender Bedeutung für eine kontinuierliche Leistungssteigerung ist, dass alle für das Fußballspiel wichtigen konditionellen Voraussetzungen gleichzeitig trainiert werden. Nur so können muskuläre Dysbalancen und damit verbundene Verletzungen vermieden werden.

Das Training sollte außerdem variabel gestaltet werden. Die ewig gleichen Trainingsmittel können neben der auftretenden Langeweile auch zu einem motorisch-dynamischen Stereotyp führen, der in bestimmten Bereichen eine weitere Leistungssteigerung verhindert. Beim Krafttraining ist vom Leichten zum Schweren zu gehen. Dies könnte folgendermaßen aussehen:

Sprungübungen ohne Zusatzbelastung ⇨ Krafttraining mit der Freihantel ⇨ Sprungübungen mit Zusatzlasten ⇨ Niedersprungtraining.

5.13. Der Muskelkater – die Rache des Körpers

Muskelkater ist die Antwort des menschlichen Organismus auf eine zu hohe physische Belastung. Die Muskeln sind hart wie Stein, jede Bewegung eine Tortur. Im Grunde genommen handelt es sich um eine völlig harmlose Sache. Nur unterschätzen darf man die kleine Rache des Körpers nicht. Erstaunlicherweise hält sich auch heute noch hartnäckig das Gerücht, es würde sich um eine Übersäuerung der Muskulatur handeln. Das ist falsch. Beim Muskelkater handelt es sich vielmehr um allerkleinste Verletzungen, so genannte Mikrotraumen. Diese treten fast ausschließlich bei Belastungen auf, bei denen der Muskel exzentrische Arbeit leisten muss. Bei dieser Form der Muskelarbeit muss sich der Muskel gleichzeitig dehnen und gegen den Widerstand zusammenziehe (oder kontrahieren, wie die Fachleute sagen.) Dabei kommt es dann innerhalb des Muskels zu Rissen in den so genannten Z-Scheiben. Das sind die kleinsten Einheiten des Muskels, in denen sich der Muskelmotor, die Eiweißstoffe Aktin und Myosin, befinden. Das Ganze ist also ein chemischer Prozess. Im Bindegewebe zwischen den Muskelfasern gehen durch Belastung Eiweiße kaputt. Sie werden von Fresszellen abgebaut. Dabei werden Substanzen (Histamine und Bradykinine) freigesetzt, die die Schmerzempfänger reizen. Da die Fresszellen erst an den Ort des Geschehens wandern müssen, kommt der Schmerz mit Verzögerung. Der Körper baut die Eiweiße dann neu auf – wie bei einem Fachwerkhaus, bei dem einzelne Streben durch neue ersetzt werden, um die Stabilität zu erhöhen. So passt sich der Muskel neuen Belastungen an.

Einfacher ausgedrückt: Muskelkater entsteht durch Überlastung. Das hat aber auch sein Gutes. Sportwissenschaftler haben jetzt herausgefunden, dass die Muskulatur in diesen Fällen umgebaut wird. Der Körper passt sich der neuen Belastung an, wird widerstandsfähiger und besser gerüstet, wenn wieder einmal Hochleistung gefragt ist. Deshalb sollten Sie etwa Ihr Fitnesstraining auch dem individuellen Trainingszustand anpassen und allmählich steigern. Tritt trotzdem ein Muskelkater auf, ist das ein Zeichen dafür, dass Sie ein wenig überzogen haben.

Fußballspieler neigen zu verkürzten Muskeln. Ein spezielles Rehatraining kann dieses Defizit schnell ausgleichen.

Die wichtigsten Behandlungsmaßnahmen, falls doch Muskelkater auftritt, sind ein regeneratives Training, wie ganz langsames Joggen, Sauna, Wannenbäder mit Rosmarin- und Arnikazusatz, durchblutungsfördernde Maßnahmen und leichte Streichmassagen. Alle genannten Maßnahmen können die Schmerzen zwar lindern, bisher wurde aber noch kein Weg gefunden, den Heilungsprozess zu beschleunigen.

5.14. Muskuläre Dysbalancen

Darunter versteht man muskuläre Ungleichgewichte zwischen Muskelgruppen, die in einem funktionellen Zusammenhang stehen, wie z. B. die Oberschenkelvorder- und -rückseite. Sie entstehen durch zu einseitiges Training. Hinzu kommt, dass es Muskeln gibt, die zur Verkürzung neigen, und andere, die zur Abschwächung neigen.

Zu den Muskeln, die zur Verkürzung neigen, gehören: die Hüftbeugemuskulatur (M. iliopsoas, M. rectus femoris, M. tensor fasciae latea), der Wadenmuskel (M. gastrocnemius), die Adduktoren, die Oberschenkelrückseite (ischiocrurale Muskulatur) und der untere Anteil des Rückenstreckers (M. erector spinae). Zur Abschwächung neigen folgende Muskeln: die gerade und schräge Bauchmuskulatur (abdominale Muskulatur), der große und mittlere Gesäßmuskel (M. gluteus maximus und medius), der Rückenmuskel (M. latissimus dorsi) und der untere und mittlere Anteil des Trapezmuskels.

Während meiner Tätigkeit als Konditionstrainer konnte ich feststellen, dass mehr als die Hälfte der Mannschaft verkürzte Hüftmuskeln hatte. Für die oben aufgeführten verkürzten Muskeln empfiehlt sich ein regelmäßiges durchgeführtes Stretchingprogramm. Für die zur Abschwächung neigenden Muskeln muss ein gezieltes Muskelaufbautraining absolviert werden.

Verkürzte oder vernachlässigte Muskelgruppen erhöhen nicht nur das Verletzungsrisiko, sondern führen zu einer verschlechterten Koordination aller Bewegungen. Zu den typischen Beschwerdebildern eines Fußballspielers gehören Leistenschmerzen, Rückenschmerzen und Knieschmerzen. Sie könnten oftmals durch ein variabel gestaltetes Trainingsprogramm vermieden werden.

Periodisierungsbeispiele

Man unterscheidet die Vorbereitungsperiode (VP), die Wettkampfperiode (WP) und die Übergangsperiode (ÜP). Die Trainingsphasen in der Winterpause möchte ich daher in die Vorbereitungsperiode 1 (VP1) und Vorbereitungsperiode 2 (VP2) unterteilen. Wenig trainierten Spielern, Spielern, die noch nie an Geräten gearbeitet haben, und allen, die ihr Trainingspensum erhöhen möchten, empfehle ich, die lange Phase der Winterpause für ein optimal aufgebautes und intensives Kraft- und Schnelligkeitstraining zu nutzen. Die nachfolgenden Trainingsbeispiele sollen dabei helfen, die richtigen Programme zum richtigen Zeitpunkt durchzuführen.

5.15. Trainingsbeispiele

Die ersten Trainingsbeispiele sind für die Spieler gedacht, die bisher rein fußballspezifisch gearbeitet und noch keine Krafteinheiten durchgeführt haben. Wie bereits erwähnt, empfehle ich diesen Spielern, die Krafteinheiten über einen Zeitraum von sechs Wochen durchzuführen, wobei sich vor allem die Winterpause eignet. Wer in der kurzen Phase der Sommerpause erstmals mit einem Konditionstraining beginnt, riskiert schnell einen Übertrainingszustand und damit Leistungseinbußen. Idealerweise sollen zwei Krafteinheiten in der Woche (mindestens 48 Stunden Pause – die benötigt die Muskulatur zur Regenration) durchgeführt werden. Zum einen kommt es so schneller zu Anpassungserscheinungen, zum anderen kann man sich auf diese Weise schnell eine gute Technik erarbeiten. Die Einheiten sollten grundsätzlich unter Aufsicht durchgeführt werden. Einmal vorhandene Fehler in der Bewegungsausführung sind später nur schwer wieder zu beseitigen. Die Dosierung sollte so gewählt werden, dass kein oder nur ein leichter Muskelkater auftritt. Gerade bei Anfängern lässt sich ein Muskelkater in den ersten Einheiten wahrscheinlich kaum vermeiden.

Ich möchte nachfolgend drei verschiedene Krafteinheiten vorstellen, die zu Beginn einer Trainingsperiode als allgemeines Krafttraining durchgeführt werden können. Die Einheiten sollten im Wochenplan so gelegt werden, dass zwei oder drei Tage dazwischen liegen (z. B. Dienstag und Freitag). Für die Einheiten ist insgesamt ein Zeitraum von 90 bis 120 Minuten zu veranschlagen. Die Auf- und Abwärmphasen sowie die Dehnungsphasen können späteren Ausführungen entnommen werden.

Trainingsbeispiele für ein allgemeines Krafttraining

1. Trainingsbeispiel (ohne Hilfsgeräte)
- Einlaufen, Dehnung, drei lockere Steigerungsläufe
- 3 x 30 m Kniehebeläufe (Pause 3 min)
- 3 x 10 Ausfallschrittgehen (Pause 2 min)
- 3 x 12 Schlittschuhsprünge (Pause 2 min)
- 2 lockere Steigerungsläufe über 60–80 m
- 3 x 10er Sprunglauf auf Weite (Pause 3 min)
- 2 x 10er Einbeinsprünge rechts und links (Pause 3 min)
- 5 Koordinationsläufe über 50 m (Pause 2 min)
- Auslaufen

2. Trainingsbeispiel (im Kraftraum)
- Einlaufen, Dehnung, drei lockere Steigerungsläufe
- 3 submaximale Sprintabläufe über 30 m
- 3 x 30 m Kniehebeläufe (Pause 3 min) anschließend Kraftraum:
- 4 Serien à 8 Wiederholungen und drei Minuten Pause mit folgenden Übungen: halbe Kniebeugen, Training der Schussbeinmuskulatur, Training der hinteren Oberschenkelmuskulatur
- Training der Bauch- und Rückenmuskulatur = 3 Serien mit maximaler Wiederholungszahl
- 5 submaximale Abläufe über 30 bis 50 m

3. Trainingsbeispiel (Circuittraining)
- Einlaufen, Dehnung, drei lockere Steigerungsläufe
- drei Durchgänge Circuittraining an zehn Stationen mit 30 Sekunden Belastung und 30 Sekunden Pause. Die Serienpause beträgt fünf Minuten. An dieser Stelle

noch einmal der Hinweis, dass bei der Auswahl der Übungen darauf zu achten ist, dass alle wichtigen Muskelgruppen trainiert werden und dass nicht die gleiche Muskelgruppe an zwei aufeinander folgenden Geräten trainiert wird.

Bei allen drei Trainingsbeispielen ist es von besonderer Wichtigkeit, dass die technische Ausführung der Bewegungen richtig ist. Bei falscher Bewegungsausführung kann es schnell zu Abnutzungserscheinungen, Verletzungen und unnötigem Belastungsabbruch kommen. Der Spieler muss konzentriert und motiviert mitarbeiten. Eine Intensitätssteigerung sollte bei vorher wenig trainierten Spielern nach vier bis sechs Wochen erfolgen. Hoch trainierte und gut ausgebildete Athleten können die allgemeinen Krafteinheiten auf drei Wochen reduzieren, um mit dem speziellen Krafttraining zu beginnen. Dies gilt besonders in der Vorbereitungsperiode des Sommers, da in dieser Zeit nur insgesamt sechs Wochen zur Verfügung stehen.

Den weniger Trainierten reichen die Kraftreize, die beim allgemeinen Krafttraining gesetzt werden, zunächst aus. In der Wettkampfphase mit einem speziellen Krafttraining zu beginnen ist nur bedingt ratsam, da die erheblich höheren Anforderungen schnell zu einem Übertrainingszustand führen können, der sich negativ auf die Spielleistung auswirken kann. Deshalb sei hier noch einmal der Verweis auf die Wintervorbereitung gegeben, in der ausreichend Zeit ist, auch ein spezielles Krafttraining zu beginnen.

Trainingsbeispiele für ein spezielles Krafttraining

1. Trainingsbeispiel
- Einlaufen, Dehnung, drei lockere Steigerungsläufe
- drei submaximale Sprints über 30 m (2 min Pause)

- 3 x 15 m Skippings mit hoher Frequenz (3 min Pause)
- 3 x 10er Sprunglauf auf Schnelligkeit (3 min Pause)
- 3 x 10er Einbeinsprünge rechts und links (3 min Pause)
- 3 x 8 Kastenaufsprünge (3 min Pause)
- 2 lockere Steigerungsläufe über 60–80 m
- Training der Rumpfmuskulatur

2. *Trainingsbeispiel*
- Einlaufen, Dehnung, drei lockere Steigerungsläufe
- drei submaximale Sprints über 30 m (2 min Pause)
- 3 x 15 m Skippings mit hoher Frequenz (3 min Pause)
- 3 x 10er Sprunglauf auf Schnelligkeit (3 min Pause), anschließend Kraftraum:
- Maximalkrafttraining halbe Kniebeuge
- Schnellkrafttraining für die Wadenmuskulatur und die Schussbeinmuskulatur:
- 4 Serien à 8 Wiederholungen mit 80% der Maximalkraftleistung bei schneller Bewegungsausführung
- Training der Rumpfmuskulatur

Altin Lala von Hannover 96 stärkt seine Rumpfmuskulatur mit dem Medizinball.

Es muss nicht immer Fußball sein. Beachvolleyball ist sehr gut geeignet, um die Schnellkraftausdauer zu verbessern. Hier die Spieler aus Freiburg.

3. Trainingsbeispiel
- Einlaufen, Dehnung, drei lockere Steigerungsläufe
- drei submaximale Abläufe über 30 m (2 min Pause)
- 5 x 10 Fußgelenksprünge (schnelle Ausführung, kurze Bodenkontaktzeiten)
- 3 x 8 Hockstrecksprünge (schnelle Ausführung mit kurzen Bodenkontaktzeiten)
- 6 x 8 Hürdensprünge (schnelle Ausführung, kurze Bodenkontaktzeiten)
- 4 x 8 Kastensprünge (konträres Krafttraining)
- drei Steigerungen über 60 m
- Koordinationstrainingsformen mit dem Ball
- Auslaufen und Entmüden

4. Trainingsbeispiel:
- Krafttraining in der Wettkampfphase

Während der Saison sollte das Krafttraining als so genanntes Erhaltungstraining wenigstens einmal wöchentlich weitergeführt werden. Die durch fußballspezifische Trainingsformen gesetzten Reize reichen einem Spieler nicht aus, um sein Leistungsniveau zu halten. Die Krafteinheit sollte möglichst mehrere Tage vor dem nächsten Spiel absolviert werden, um ausreichend Zeit für die Regeneration zu haben. Die Belastung richtet sich nach den im letzten Teil der Vorbereitungsphase erbrachten Leistungen.

Das Training der Schnell- und Maximalkraft sollte dabei im Vordergrund stehen, um auf diese Weise auch die Sprintfähigkeiten weiterhin auf einem hohen Niveau zu halten. Die Spieler, die bisher noch kein spezielles Krafttraining durchgeführt haben, sollten während der Wettkampfphase das allgemeine Krafttraining ebenfalls so ausrichten, dass die Schnellkraft trainiert wird (horizontale Sprünge, schnellkräftige Circuits).

Es ist erwiesen, dass ein einmal wöchentlich stattfindendes Erhaltungstraining ausreicht, um den Leistungsstand zu halten. Das ist von besonderer Bedeutung für die nächste Vorbereitungsphase, da das Training auf einem viel höheren Niveau stattfinden kann. Dies ist in der Trainingsplanung zu berücksichtigen. Die zu Beginn der

Vorbereitung durchgeführte Leistungsdiagnostik kann dabei eine wertvolle Hilfe sein.

5.16. Testformen zur Überprüfung der Kraftfähigkeiten

Neben den bereits beschriebenen Methoden zur Feststellung der Maximalkraftfähigkeit gibt es weitere Möglichkeiten, das individuelle Leistungsvermögen eines Spielers auszutesten. Als Testformen zur Überprüfung der Kraftfähigkeiten eignen sich folgende Methoden:

1. Jump-and-Reach-Test zur Feststellung der Schnellkraft der Beinmuskulatur

Der Spieler stellt sich mit präparierten Fingerkuppen (Kreide, Magnesia) an eine Wand, streckt beide Arme in die Hochhalte, ohne dabei die Fersen abzuheben, und markiert mit seinem Mittelfinger die maximale Reichhöhe. Anschließend stellt er sich seitlings, springt beidbeinig nach oben ab und markiert an der Wand die Sprunghöhe im höchsten Punkt der Flugphase.

Gemessen wird der vertikale Abstand zwischen Reichhöhe und Sprunghöhe in Zentimetern. Dem Spieler sollten einige Testversuche gestattet werden, um dann drei Wertungssprünge zu absolvieren, von denen der beste gewertet wird.

Nachfolgende Tabelle gibt Aufschluss über die Leistungsfähigkeit:

unter 40 cm	schwach
40–50 cm	mäßig
50–60 cm	gut
über 60 cm	sehr gut

2. Sprunglauftest zur Überprüfung der Schnellkraftfähigkeiten

Aufgabe des Spielers ist es, einen 10er Sprunglauf auf Weite zu absolvieren. Er hat sieben Schritte Anlauf.

Nachfolgende Tabelle gibt Aufschluss über die Leistungsfähigkeit:

unter 24 m	schwach
24–28 m	mäßig
28–32 m	gut
über 32 m	sehr gut

3. Standweitsprung

Der Spieler springt beidbeinig von einer markierten Absprunglinie möglichst weit nach vorne und landet wieder mit beiden Beinen. Bei der Landung darf nicht mit der Hand nach hinten gegriffen werden. Gemessen wird der Abstand zwischen Absprunglinie und hinterem Landeabdruck. Der Spieler hat drei Versuche.

Nachfolgende Tabelle gibt Aufschluss über die Leistungsfähigkeit:

unter 2 m	schlecht
2 m–2,20 m	mäßig
2,20–2,50 m	gut
über 2,50 m	sehr gut

Wichtig: Vor der Durchführung von Testformen hat der Spieler ein ausreichend intensives Aufwärmprogramm zu absolvieren.

Beim Jump-and-Reach-Test ist vor allem die Explosivkraft gefordert. Wichtig ist ein guter Abdruck.

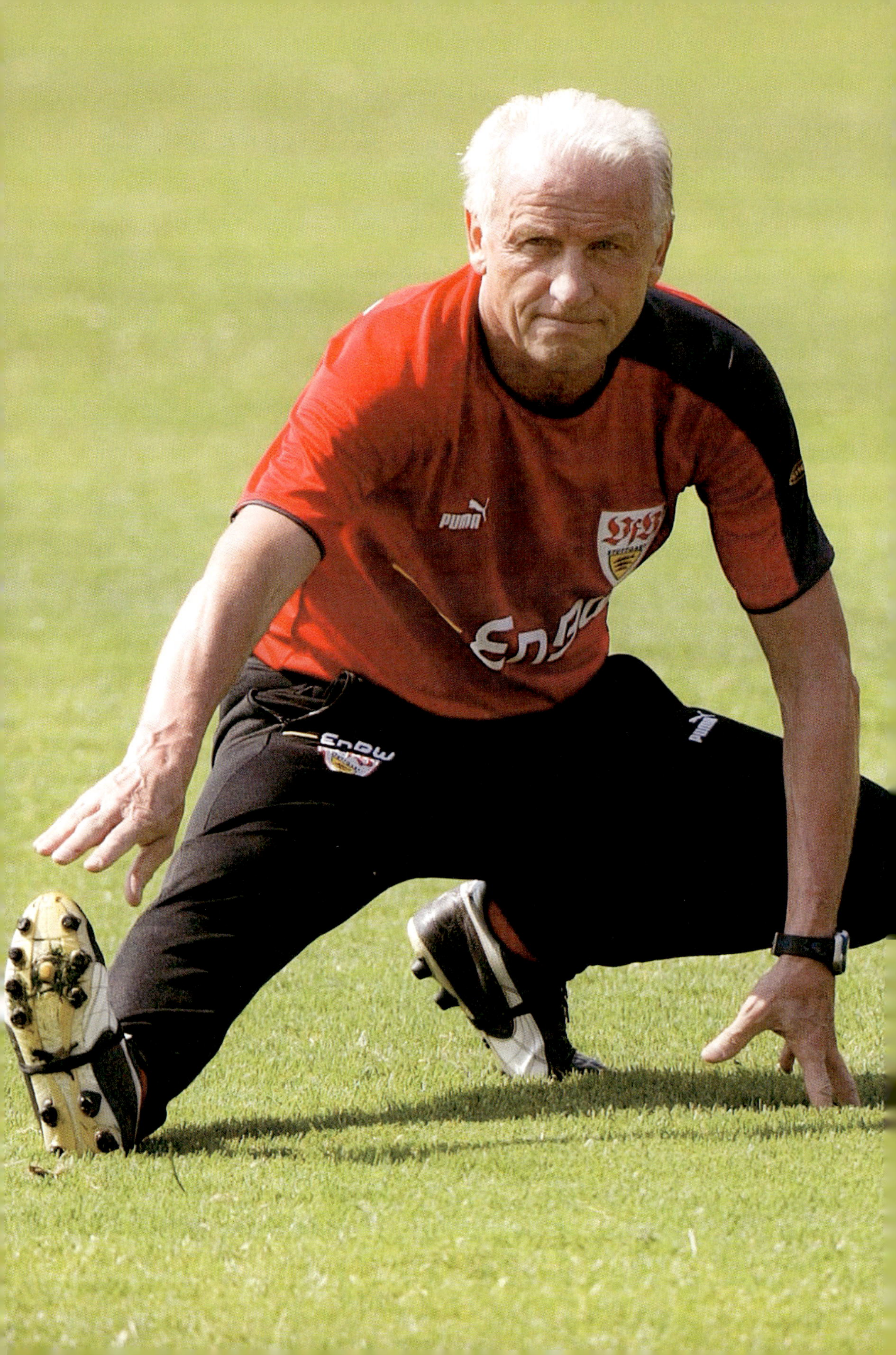
PUMA
EnBW
PUMA

Kapitel 6:
Die Beweglichkeit

Kommen wir im letzten Kapitel zu einer oft unterschätzten, aber dennoch sehr wichtigen konditionellen Eigenschaft: der Beweglichkeit. Sie definiert sich als die Fähigkeit eines Menschen, Bewegungen mit großer Schwingungsweite entweder selbst oder mit äußerer Hilfe in einem oder mehreren Gelenken durchführen zu können. Dabei werden fünf Formen der Beweglichkeit unterschieden:

- Allgemeine Beweglichkeit
  bezieht sich auf die Beweglichkeit des Schulter- und Hüftgelenks und der Wirbelsäule.
- Spezielle Beweglichkeit
  bezieht sich auf die Beweglichkeit in einem bestimmten Gelenk.
- Aktive Beweglichkeit
  bezieht sich auf die größtmögliche Bewegungsamplitude in einem Gelenk.
- Passive Beweglichkeit
  die größtmögliche Bewegungsamplitude in einem Gelenk, die mit Hilfe äußerer Kräfte (Partner etc.) möglich ist.
- Statische Beweglichkeit
  die Fähigkeit, eine bestimmte Dehnposition über einen längeren Zeitraum zu halten (Stretching).

Giovanni Trappatoni macht es vor. Stretching gehört zu einem guten Trainingskonzept.

Die Beweglichkeit lässt sich am besten durch Stretching verbessern. Im Rahmen dieses Buches werde ich drei Stretchingmethoden und darüber hinaus das Wippen und Federn vorstellen. Letzteres führt zwar nicht zu einer Verbesserung der Beweglichkeit, ist aber bei der unmittelbaren Wettkampfvorbereitung und bei bestimmten Trainingsformen immer noch die effektivste Methode, sich auf schnellkräftige Belastungen einzustellen.

6.1. Die Bedeutung der Beweglichkeit für den Fußballspieler

Eine Verbesserung der Beweglichkeit wirkt sich positiv auf die anderen konditionellen Grundeigenschaften Kraft, Schnelligkeit, Ausdauer und Koordination aus, denn sie ist die Voraussetzung für eine gute Bewegungsausführung. Leider gehört der Fußball immer noch zu den Sportarten, bei denen ein großer Teil der Spieler und Spielerinnen Muskelverkürzungen und muskuläre Dysbalancen aufweisen. Wenn man bedenkt, dass die Kraft eines verkürzten Muskels erheblich eingeschränkt ist und sich dadurch auch Koordination und Technik verschlechtern, erkennt man die leistungsentscheidende Bedeutung einer guten Beweglichkeit im Fußball. Hinzu kommt, dass bei einer guten Dehnfähigkeit der Muskulatur alle Bewegungsabläufe ökonomischer und energiesparender ablaufen können. Wie wichtig eine gute Beweglichkeit ist, zeigen folgende Ausführungen:

- Schnelle Oberkörperpendelbewegungen bei der Durchführung von Finten während des Dribblings erfordern neben einer gut entwickelten Rumpfkraft auch eine gute Beweglichkeit und Dehnfähigkeit der Wirbelsäulen- und Beckenmuskulatur. Spieler mit einem diesbezüglichen Defizit werden in der Fußballsprache als »hüftsteif« bezeichnet.
- Flache, zielgenaue scharfe Vollspannstöße sind nur unter der Bedingung möglich, dass der Spieler neben der technisch richtigen Ausführung über eine gute »Streckfähigkeit« im oberen Sprunggelenk verfügt. Mangelnde Zielgenauigkeit hat demnach nicht selten ihre Ursache in einer unzureichenden Dehnfähigkeit der Unterschenkelvorderseitenmuskulatur, insbesondere des vorderen Schienbeinmuskels (M. tibialis anterior). Durch die Unfähigkeit des Spielers, sein Sprunggelenk ausreichend (wenn möglich völlig) zu strecken, wird der Ball beim Vollspannstoß nicht flach nach vorne, sondern in einem mehr oder weniger ausgeprägten Winkel nach oben, also mit ansteigender Flugkurve, geschlagen, was bei Schüssen aus Distanzen jenseits der 16-m-Linie dazu führt, dass der Ball über das Tor geht. Diese mögliche Teilursache mangelnder Schussgenauigkeit sollte auch im Training entsprechend berücksichtigt werden.
- Die Ballabnahme durch Spreiz- oder Gleittackling erfordert eine gute Beweglichkeit im Hüftgelenksbereich.
- Beim Hüftdrehstoß ist eine ausgeprägte Beweglichkeit im Hüftgelenk – sie betrifft vor allem die Schenkelanzieher (M. adductores) – erforderlich.

Hinzu kommt, dass der Verzicht auf eine ausgleichende Dehnung zu einer schmerzhaften Verkürzung ganzer Muskelgruppen führt. Ursache ist unter anderem eine Sauerstoffunterversorgung der Muskel-Sehnenketten. In schlimmeren Fällen treten auch Zerrungen oder Muskelrisse auf. Vor allem durch eine Verkürzung der beuge- und streckseitigen Hüftmuskulatur kommt es zu einer Verkürzung der Schrittlänge und damit zu Einbußen in Schnelligkeits- und auch Ausdauerleistungen. Eine gut gedehnte Wadenmuskulatur führt zu einer verbesserten Laufökonomie. Eine mit einer verbesserten Beweglichkeit einhergehende Vergrößerung der Schrittlänge bewirkt eine Geschwindigkeits- und damit Leistungssteigerung.

Darüber hinaus spielt Stretching eine wichtige Rolle bei der Prävention von Verletzungen. Regelmäßig und richtig durchgeführtes Stretching besitzt mehrere prophylaktische Eigenschaften. Zu den entscheidensten Faktoren gehört die erhöhte Elastizität des Muskelgewebes und eine gesteigerte Beweglichkeit der Gelenke. Verletzungen treten oft dann auf, wenn der Körper ermüdet ist oder wenn schnelle, im Fußball oft vorkommende, unvorhergesehene Bewegungen ausgeführt werden. Wird ein regelmäßiger Dehnungsreiz auf den Muskel ausgeübt, ist der Muskel

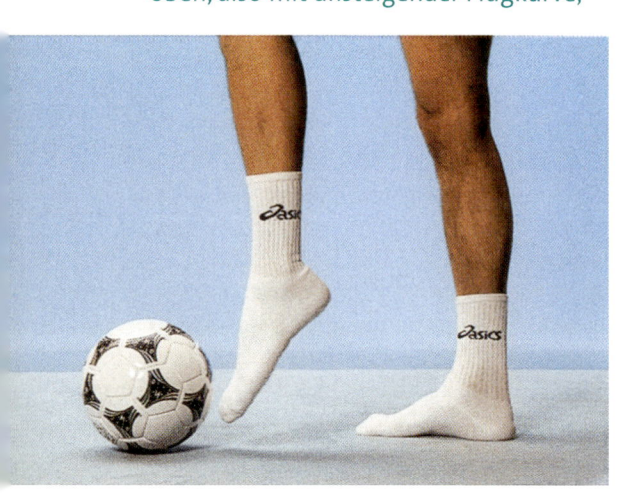

Korrekte Streckung beim Vollspannstoß

auf eine durch falsche Bewegung erzeugte Überdehnung oder einen ruckhaften Zug vorbereitet. Außerdem kann die durch Dehnung verbesserte Bewegungsamplitude der Gelenke unkontrollierte Bewegungen kurzzeitig auffangen. Stretching birgt nur eine geringe Verletzungsgefahr, führt aber zu einer lang andauernden Dehnbarkeit der Muskulatur: Ein gestretchter Muskel behält seine Dehnlage etwa für vier Stunden bei, so dass für die Dauer eines Trainings oder eines Wettkampfes eine verletzungsprophylaktische Sicherheit besteht. Wie für alle konditionellen Eigenschaften gilt auch für die Beweglichkeit, dass sie nicht maximal, sondern optimal herausgebildet werden sollte.

6.2. Physiologische und anatomische Grundlagen der Beweglichkeit

Alle Bewegungen des menschlichen Körpers werden von der Muskulatur und vom Skelett durchgeführt. Das Skelett setzt sich aus 220 Knochen zusammen, die zum Teil durch Gelenke verbunden sind. Erst die gegeneinander beweglichen Knochen machen Bewegungen möglich. Dabei setzt sich eine so komplexe Bewegung wie z. B. das Laufen aus vielen Teilbewegungen zusammen. Damit aus einer Teilbewegung eine Gesamtbewegung wird, setzt die Funktion der kinetischen Kette ein:
Knochen ⇨ Sehne ⇨ Muskel ⇨ Sehne ⇨ Knochen.

Dabei überträgt die Sehne die von der Muskulatur erzeugte Kraft auf den im Gelenk beweglichen Knochen. Wenn ein Teil dieser kinetischen Kette z. B. durch Verletzung ausfällt, funktioniert sie nicht mehr, was eine Bewegungseinschränkung zur Folge hat.

Die Gelenke
Beim Bau der Gelenke werden drei Formen unterschieden:

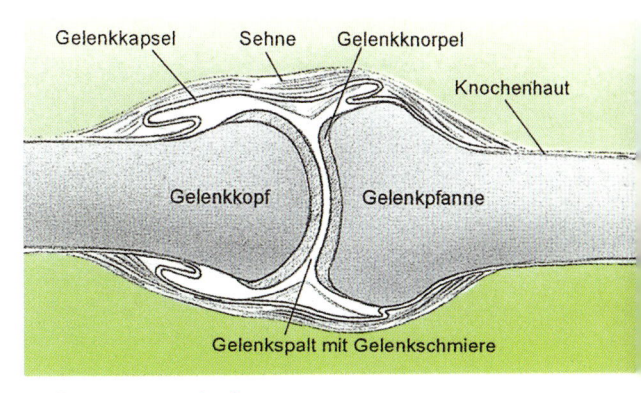

Aufbau eines Gelenks

- Echte Gelenke (Diarthrosen)
  Sie bestehen aus einem Gelenkkopf und einer Gelenkpfanne. Dazwischen liegt ein Gelenkspalt, der mit Gelenkschmiere, der Synovia, gefüllt ist.
- Amphiarthrosen
  Gelenke mit stark eingeschränktem Bewegungsumfang.
- Unechte Gelenke (Synarthrosen)

Die beteiligten Knochenenden sind durch Bindegewebsfasern verbunden.

Bei den echten Gelenken gibt es wiederum drei verschiedene Formen:

- Dreiachsige Gelenke
  Sie werden auch Kugelgelenke genannt, da sie in vielen Richtungen beweglich sind (z. B. Schulter- und Hüftgelenk).
- Zweiachsige Gelenke
  Dazu zählen das Ellipsoid- oder Sattelgelenk. Es sind keine oder nur sehr eingeschränkte Drehbewegungen möglich (Knie- und Ellbogengelenk).
- Einachsige Gelenke
  Dazu zählen Scharnier- oder Zapfengelenke. Die Besonderheit bei den Scharniergelenken ist ihre starke Bandführung. Bei Zapfengelenken sind sogar Drehbewegungen möglich (unteres Kopfgelenk).

Durch ein entsprechendes Training kann die Beweglichkeit in allen Gelenken verbessert werden. Die Gelenkbeweglichkeit hängt nach Knebel von folgenden Faktoren ab:

- Zustand der knöchernen Formelemente (Form und Kongruenz von Gelenkkopf und Pfanne)
- Zustand der bindegewebigen Formelemente (Dicke bzw. Elastizität von Gelenkknorpel, Gelenkkapsel und Bändern)
- Zustand der auf das Gelenk einwirkenden Muskulatur (Elastizität, Kraft und Masse der Muskeln sowie Elastizität der Sehnen)
- Gelenkstoffwechsel (Gelenkschmiere)
- neuro-physiologische Steuerungsprozesse (Muskeltonus, Entspannungsfähigkeit)
- psycho-physiologische Hemmungs- bzw. Aktivierungsprozesse (psychische Gespanntheit bzw. Verspannung)

Einfluss auf die Gelenkbeweglichkeit haben auch eine ganze Reihe von anderen Faktoren (Grosser, Weineck):

- Mit zunehmendem Lebensalter vermindert sich die Gelenkbeweglichkeit infolge chemischer und struktureller Veränderungen der beteiligten Gewebe.
- Hormonelle Unterschiede sind wesentlich verantwortlich für die bessere Gelenkbeweglichkeit der Frauen.
- In den frühen Morgenstunden ist die Gelenkbeweglichkeit schlechter als zur übrigen Tageszeit.
- Nach hartem, ermüdendem Training ist die Gelenkbeweglichkeit aufgrund biochemischer und neuronaler Steuerungsprozesse eingeschränkt.
- Bei erhöhter Außentemperatur und nach funktionellem Aufwärmen ist die Gelenkbeweglichkeit besser.

Der Muskel
Der menschliche Körper besteht aus 639 Muskeln, die bei Frauen etwa 25–35 %, bei Männern etwa 40–50 % des Körpergewichts ausmachen. Um koordinierte Bewegungen zu realisieren, arbeiten Muskeln und Skelett in einem Bewegungssystem zusammen. Die für uns interessante quer gestreifte Skelettmuskulatur ist folgendermaßen aufgebaut:

Der gesamte Muskel ist von einer Membran umgeben, die Perimysium genannt wird. Jeder Muskel besteht aus einem Bündel einzelner Fasern, die wiederum von einer bindegewebigen Hülle, dem Endomysium, umgeben sind. Die einzelne Faser ist von einer Zellwand, dem Sarkolemm, eingefasst. Innerhalb der Muskelfaser liegen Hunderte kleinster Muskelfibrillen, die sich aus Sarkomeren zusammensetzen. In den Sarkomeren befindet sich der eigentliche Muskelmotor, die ineinander verschränkten Proteine Aktin und Myosin.

Die Arbeitsweise der Muskulatur
Die Tätigkeit der Skelettmuskulatur ist an die koordinierte Funktion des Nervensystems gebunden. Skelettmuskelfasern sind so genannte Effektoren, die durch die Erregung der motorischen Nervenfasern zur Kontraktion gebracht werden können. Die Zellkörper der motorischen Nervenzellen (Motoneurone), die im Rückenmark liegen,

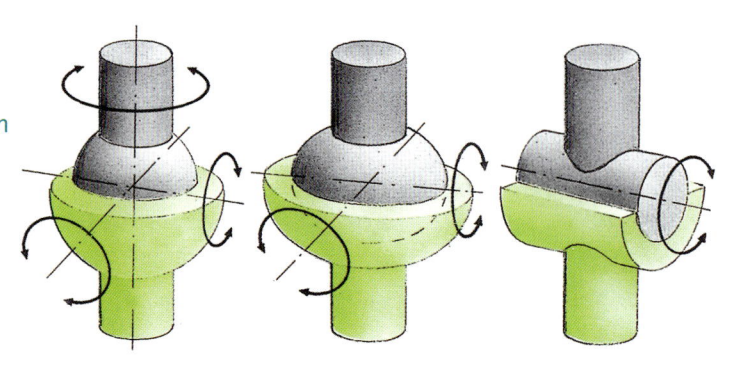

Kugelgelenk (dreiachsig), Ellipsoidgelenk (zweiachsig) und Scharniergelenk (einachsig)

entscheiden darüber, ob ein Muskel kontrahiert oder nicht. Dabei kontrolliert ein Motoneuron immer eine Vielzahl von Skelettmuskelfasern. Ein Motoneuron mit der dazugehörigen Nervenfaser und alle von ihr versorgten Muskelfasern bilden die motorische Einheit. Das Verhältnis der Zahl der Nervenfasern zur Zahl der Skelettmuskelfasern wird als Innervationsverhältnis bezeichnet. Liegt ein geringes Innervationsverhältnis vor, sind fein abstufbare Bewegungen möglich, bei einem großen Innervationsverhältnis können schnelle, maximalkräftige Bewegungen durchgeführt werden.

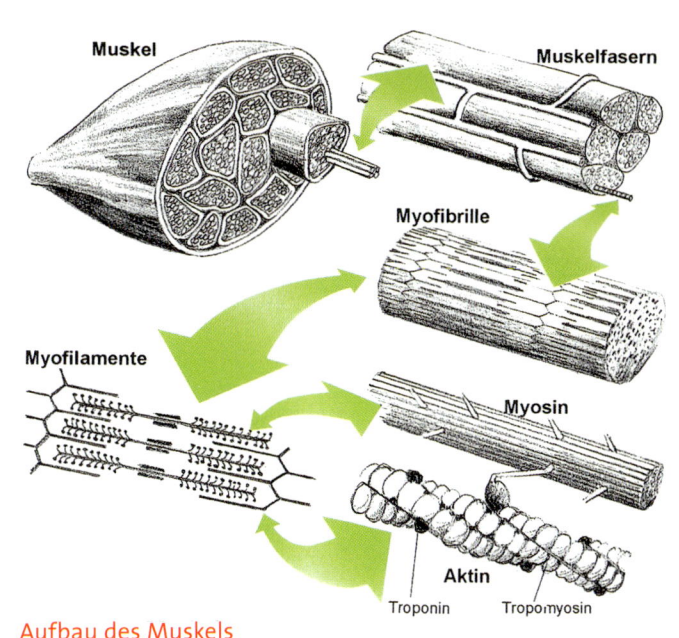

Aufbau des Muskels

Die Erregungsübertragung
Für die Kontraktion des Muskels ist eine komplizierte Erregungsübertragung notwendig, die als Gleitfilament-Theorie bezeichnet wird. Durch einen überschwelligen Reiz wird eine Erregung ausgelöst, die in die Tiefe der Faser geleitet wird. Kalziumionen werden freigesetzt, und die ineinander verschränkten Proteine Aktin und Myosin bilden Querbrücken. Dadurch kommt es zur Freisetzung von Energie und zur Verkürzung der Skelettmuskelfaser. Wenn der Vorgang beendet ist, werden die Kalziumionen aktiv zurücktransportiert, so dass der Muskel wieder erschlafft. Dieser Vorgang läuft mit einer unvorstellbaren Geschwindigkeit ab, und es sind etwa 20 Milliarden Querbrücken notwendig, damit der Muskel in der Lage ist, nur ein Gramm zu heben.

Bei einer Kontraktion kommt es zu folgenden Abläufen:

- Fortleitung eines Aktionspotentials in die Tiefe der Faser
- Freisetzung von Kalziumionen
- Querbrückenbildung zwischen Aktin und Myosin
- Aktivierung der Myosin-ATPPhase und damit Energiefreisetzung
- Verkürzung der Sarkomere und damit Verkürzung der Skelettmuskulatur
- aktiver Rücktransport der Kalziumionen
- Erschlaffung der Muskulatur

6.3. Die Dehnung der Muskulatur

Bei der Dehnung der Muskulatur innerhalb der Muskelfaser sind die parallel verlaufenden intrafusalen Spindeln von Bedeutung. Die Hauptaufgabe dieser Spindeln ist es, die Länge und die Längenänderung der Muskulatur zu messen, um den Muskel damit vor Selbstzerreißung zu schützen. Wird ein Muskel gedehnt, werden auch gleichzeitig die intrafusalen Spindeln gedehnt. Dabei wird die durch die Dehnung hervorgerufene Erregungsmeldung zum Rückenmark geleitet und von einer Umschaltstelle aus zur Muskulatur zurückgeleitet, so dass es zur Kontraktion kommt. Dieser Vorgang wird als Dehnreflex bezeichnet. Eine starke Dehnung veranlasst die Kontraktion von vielen Muskelfasern und daher gilt: Die Kraft, die notwendig ist, um einen Muskel zu dehnen, nimmt überproportional zur Dehnung zu.

Um eine zu hohe Spannungsentwicklung zu vermeiden, besitzt der Körper ein zweites Mess- und Regelsystem, welches sich in den Sehnen des Skelettmuskels befindet und als Golgi-Organ bezeichnet wird. Die Reizschwelle der Golgi-Sehnenorgane liegt über der der intrafusalen Fasern.

Beim Stretching kommt es nun darauf an, diesen Dehnreflex weitestgehend auszuschalten. Nur solche Dehnmethoden werden als Stretching bezeichnet, bei denen dies auch zutrifft. Beim Wippen und Federn kommt es zu einer plötzlichen Dehnung der Muskulatur, wodurch der Eigenreflex eintritt. Dieser Eigenreflex bewirkt eine Verkürzung der Muskulatur, genau das Gegenteil dessen, was man mit Stretching erreichen möchte. Nichtsdestoweniger gehört das Wippen und Federn weiterhin zum Training, da es schnellkräftige Belastungen optimal vorbereitet.

Die Dehnfähigkeit der Muskulatur hängt von verschiedenen Faktoren ab:

- von den Dehnungswiderständen muskulärer Strukturen
  Nicht die Muskulatur selbst stellt bei der Dehnung den größten Widerstand dar, sondern die bindegewebsartigen muskulären Bestandteile, wie die Muskelfascien oder Muskelhüllen.
- vom Tonus
  Unter Tonus versteht man den Spannungszustand der Muskulatur.
- von der Entspannungsfähigkeit der Muskulatur
  Man kann nur optimal dehnen, wenn der Spieler in der Lage ist, den zu dehnenden Muskel erschlaffen zu lassen, da man ansonsten gegen die Dehnung arbeitet.

- vom psychischen Zustand
  Bei Angstzuständen, innerer Unruhe und Nervosität ist die Dehnfähigkeit herabgesetzt.
- von der Temperatur
  Je wärmer die Außentemperatur, desto angenehmer ist das Dehnen. Wichtiger jedoch ist die bereits beschriebene Temperatur der Muskulatur. Nur eine aufgewärmte Muskulatur ist geschmeidig und lässt sich optimal stretchen.
- von der Tageszeit
  Die Dehnfähigkeit hängt auch von der Tageszeit und den äußeren Umständen ab.

früh morgens	nach 10 min im Freien (nackt)	nach 10 min in der Wanne	nach 20 min Erwärmung	nach ermüdendem Training
−14	−36	+78	+89	−35

Bei den Zahlenangaben handelt es sich um Millimeterwerte. Sie geben Aufschluss über die Verkürzung bzw. Verlängerung der Muskulatur.

Viele Trainer empfehlen nach jedem Training ein Stretchingprogramm. Wie die Tabelle zeigt, ist dies aber nur bedingt zu empfehlen. Bei stark ermüdeter Muskulatur ist die Empfindlichkeitsschwelle der Muskelspindeln, u. a. aufgrund des Flüssigkeitsverlustes, angehoben, so dass schon bei leichten Dehnübungen von den intrafusalen Spindeln Impulse ausgesendet werden, die Schmerzen hervorrufen und die Muskeln reflexartig anspannen lassen. Viel besser ist ein lockeres Auslaufen, mit dem die angefallenen Schlackenstoffe rascher abgebaut werden können.

6.4. Muskuläre Dysbalancen erkennen

Es ist leider eine Tatsache: Gerade der Fußballspieler neigt zur Ausbildung von muskulären Dysbalancen. Und die Ursache ist meist die Folge eines unausgewogenen Trainings.

Es handelt sich dabei um ein Ungleichgewicht zwischen den Muskelfasern von Agonist und Antagonist. Beim Agonist handelt es sich um den Muskel, der eine Bewegung hervorruft, der Antagonist wirkt der Hauptbewegung entgegen und sorgt durch Zunahme der Muskelspannung in der Endphase einer Bewegung für das sanfte Abbremsen der Hauptbewegung. Muskuläre Dysbalancen entstehen hauptsächlich durch einseitige und immer wiederholte Bewegungen.

Bei der Muskulatur wird zwischen der phasischen und der tonischen Muskulatur unterschieden. Phasische Muskeln können schnell kontrahieren, aber auch schnell ermüden. Tonische Muskulatur kontrahiert langsam und ermüdet langsam, neigt aber viel eher zu Verkürzungen.

Die auch beim Fußballer hauptbetroffenen Muskelgruppen sind folgende:

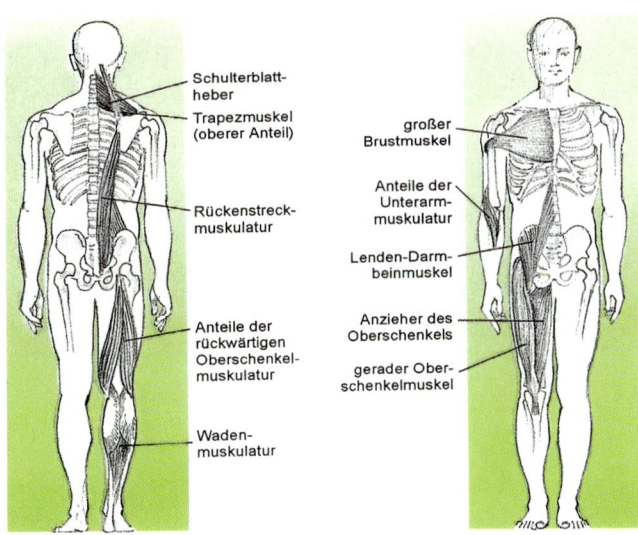

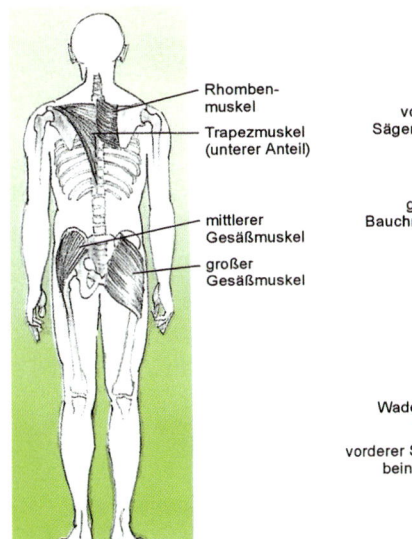

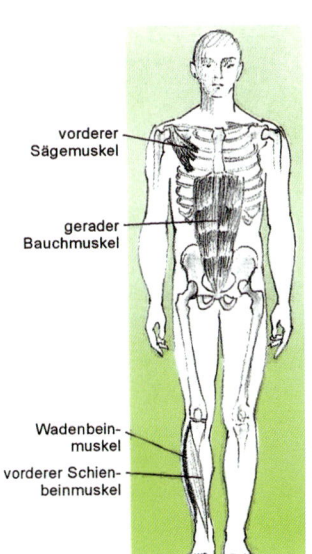

Zur Verkürzung (oben) bzw. Abschwächung neigende Muskulatur

Schulter/Armbereich
- Kapuzenmuskel, absteigender Teil (M. trapezius pars descendens)
- Brustmuskel (M. pectoralis)
- Schulterblattheber (M. levator scapulae)
- Beugemuskel der Hand

Rumpfbereich
- Rückenstrecker (M. erector spinae)
- viereckiger Lendenmuskel (M. quadratus lumborum)

Hüft-/Beinbereich
- Hüftbeuger (M. iliopsoas)
- gerader Schenkelstrecker (M. rectus femoris)
- Schenkelbeuger, ischiocrurale Muskulatur (M. semitendinosus, M. semimembranosus, M. bizeps femoris)
- kurze Schenkelanzieher (M. adductor brevis, M. gracilis)
- Zwillingswadenmuskel (M. triceps surae, M. gastrocnemius, M. soleus)

Gutes Ergebnis  Mangelhaftes Ergebnis

Wenn muskuläre Dysbalancen sichtbar werden, sollten die verkürzten und oft beanspruchten Muskeln gedehnt und die weniger beanspruchten Muskeln gekräftigt werden.

Ein Problem stellt auch das Verhältnis von Bauch- und Rückenmuskulatur dar. Die Bauchmuskeln sind bei vielen Fußballspielern defizitär, während die Rückenmuskulatur meist recht gut ausgebildet ist, was nicht zuletzt am falschen Bewegungsverhalten liegt.

Damit die muskuläre Dysbalance ausgeglichen wird, sollte die Bauchmuskulatur gekräftigt und der Rückenstrecker gedehnt werden.

Die Mobilisierung verkürzter Muskelgruppen stellt eine wichtige Verhütungsmaßnahme zur Vorbeugung von degenerativen Gelenkprozessen dar und hilft, fehlerhafte Bewegungsstereotype zu vermeiden.

6.5. Beweglichkeitstests

Zur Überprüfung von muskulären Dysbalancen gibt es so genannte Muskelfunktionstests, die relativ einfach durchzuführen sind.

1. Überprüfung der Beweglichkeit der seitlichen Halsmuskulatur, dem oberen Anteil des Kapuzenmuskels und dem Schulterblattheber

Versuchen Sie im Sitz oder Stand den Kopf so weit wie möglich nach rechts und links zu neigen. Achten Sie darauf, den Oberkörper stabil und die Schultern parallel zu halten. Die Augen schauen geradeaus.

- Gutes Ergebnis: Sie sind in der Lage, eine Seitneigung von 45° zu erreichen.
- Mangelhaftes Ergebnis: Das Ergebnis liegt deutlich unter 45°.

2. Überprüfung der Beweglichkeit der seitlichen Rumpfmuskulatur

Stellen Sie sich aufrecht hin und neigen Sie den Oberkörper zur Seite, ohne ihn zu verdrehen oder das Becken zu kippen.

- Gutes Ergebnis: Sie sind in der Lage, eine Seitneigung von etwa 40° zu erreichen.
- Mangelhaftes Ergebnis: Die Seitneigung ist weniger als 40° und das Becken kippt seitlich.

Gutes Ergebnis 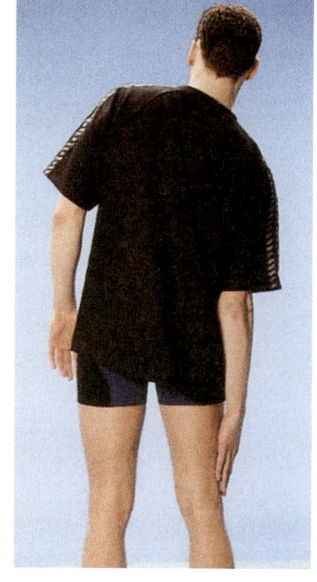 Mangelhaftes Ergebnis

3. Überprüfung der Bauchmuskulatur

Legen Sie sich auf den Rücken und winkeln Sie die Beine im 90°-Winkel an. Die Arme liegen seitlich neben dem Körper. Heben Sie den Kopf leicht an und schieben Sie den Hinterkopf nach oben, als wollten Sie ein Doppelkinn formen. Die Arme werden hinter dem Kopf verschränkt. Versuchen Sie, Schulter und Schulterblatt anzuheben, wobei die Bewegungsausführung langsam erfolgen sollte.

- Gutes Ergebnis: Sie sind in der Lage, die Schulterblattspitzen abzuheben, ohne dass die Fersen den Boden verlassen, und können die Endposition mindestens 30 Sekunden halten.
- Mäßiges Ergebnis: Die Schulterblattspitzen können den Boden nur verlassen, wenn die Fersen nicht mehr in den Boden drücken.
- Mangelhaftes Ergebnis: Das Schulterblatt bleibt liegen.

4. Überprüfung der Rückenmuskulatur

Legen Sie sich in Bauchlage auf eine ausreichend hohe Bank oder einen Tisch, wobei das Becken nicht aufliegt. Mit den Händen halten Sie sich an den Seiten fest und legen die Stirn auf. Versuchen Sie nun, die Beine, ohne Schwung gerade nach hinten wegzustrecken, bis Sie in eine waagerechte Position kommen (nicht höher), und versuchen Sie, die Beine dort zu halten.

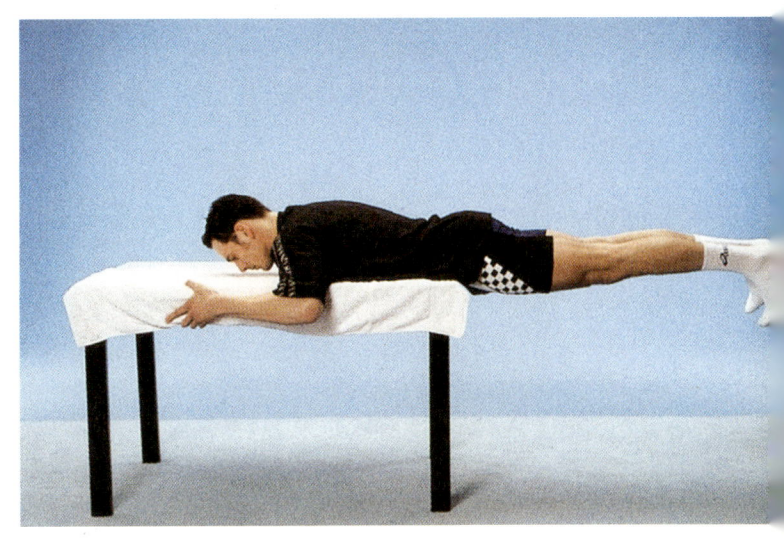

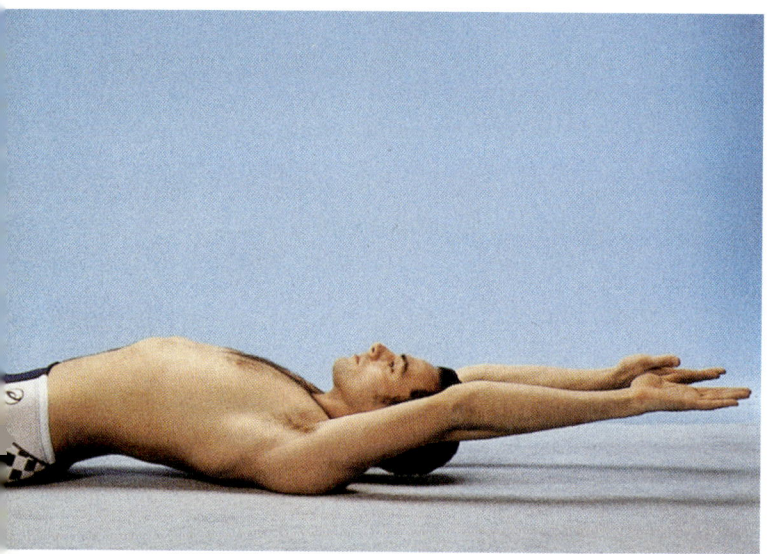

- Gutes Ergebnis: Sie sind in der Lage, die Beine länger als 30 Sekunden in der Waagerechten zu halten.
- Mäßiges Ergebnis: Sie können die Beine weniger als 20 Sekunden in der Waagerechten halten.
- Mangelhaftes Ergebnis: Sie können die Beine nicht länger als 10 Sekunden halten.

5. Überprüfung der Beweglichkeit von Brust- und Rückenmuskel

Legen Sie sich auf den Rücken, führen Sie die gestreckten Arme nach hinten und versuchen Sie, diese abzulegen. Während der Bewegungsausführung sollte die gesamte Rückenfläche Kontakt zum Boden haben.

- Gutes Ergebnis: Sie sind in der Lage, die Arme nach hinten zu führen und vollständig abzulegen, ohne dass ein Hohlkreuz entsteht.
- Mäßiges Ergebnis: Sie sind in der Lage, die Hände abzulegen, wenn Sie ein Hohlkreuz bilden.
- Mangelhaftes Ergebnis: Sie sind nicht in der Lage, die Arme abzulegen.

6. Überprüfung der Beweglichkeit der Brustmuskeln

Falten Sie die Hände hinter dem Kopf und führen Sie die gestreckten Arme langsam zur Decke.

- Gute Beweglichkeit: Arme und Rumpf bilden einen 90°-Winkel.
- Mäßige Beweglichkeit: Arme sind minimal angehoben.

- Mangelhafte Beweglichkeit: Die Hände kommen hinter dem Kopf nicht zusammen.

7. Überprüfung der Beweglichkeit des Hüftbeugers

Legen Sie sich in Rückenlage auf einen Tisch oder eine Bank. Ziehen Sie ein Bein zum Oberkörper und drücken Sie das andere Bein in die Hüftstreckung. Vergleichen Sie Ihr Ergebnis mit der vorstehenden Abbildung.
- Gute Beweglichkeit: –10°
- Mäßige Beweglichkeit: 0°
- Mangelhafte Beweglichkeit: +10°

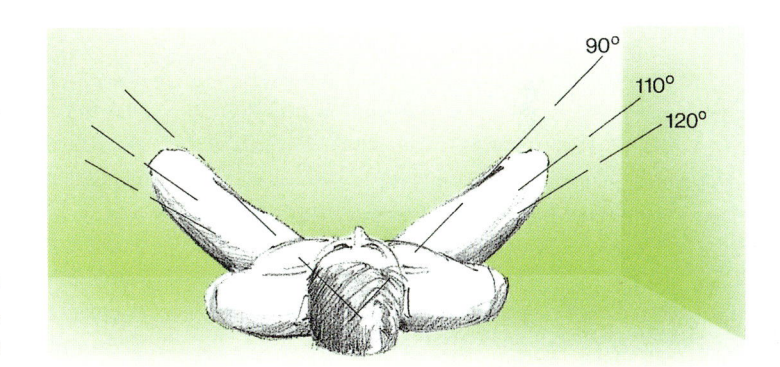

8. Überprüfung der Beweglichkeit der Adduktoren

Legen Sie sich auf den Rücken und winkeln Sie die Beine an. Während Sie versuchen, die Knie nach außen zu führen, berühren sich die Fußsohlen. Vergleichen Sie Ihr Testergebnis mit der nebenstehenden Abbildung.
- Gute Beweglichkeit: 120°
- Mäßige Beweglichkeit: 110°
- Mangelhafte Beweglichkeit: 90°

9. Überprüfung der Beweglichkeit des vorderen Oberschenkelmuskels

Legen Sie sich gestreckt auf den Bauch. Winkeln Sie ein Bein nach oben ab und umfassen Sie das Fußgelenk mit der Hand. Versuchen Sie nun, die Ferse zum Gesäß zu ziehen, ohne die Hüfte zu beugen.
- Gutes Ergebnis: Die Ferse berührt das Gesäß.
- Mäßiges Ergebnis: 15 cm Abstand zwischen Ferse und Gesäß.
- Mangelhaftes Ergebnis: Mehr als 15 cm Abstand zwischen Ferse und Gesäß.

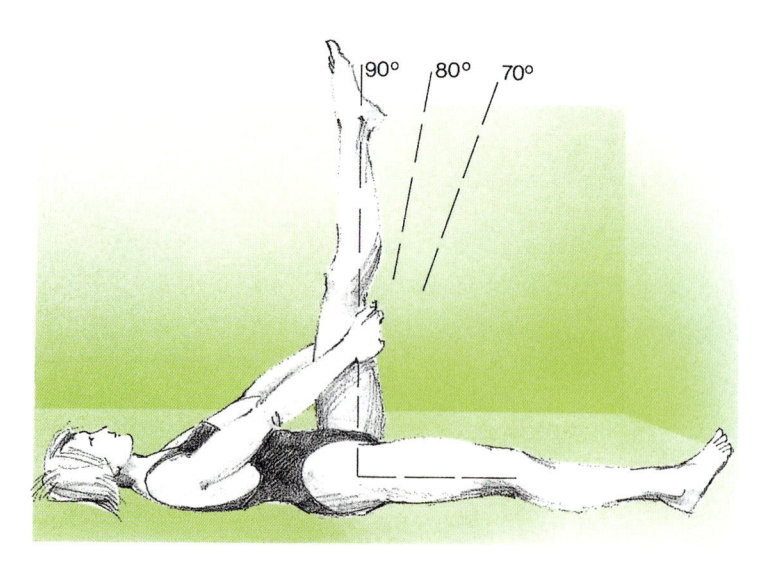

10. Überprüfung der Beweglichkeit der hinteren Oberschenkelmuskulatur

Legen Sie sich auf den Rücken und umfassen Sie mit beiden Händen die Oberschenkelrückseite. Ziehen Sie nun das gestreckte Bein in Richtung Oberkörper, ohne dass das andere Bein den Boden verlässt, und vergleichen Sie Ihr Ergebnis mit der Abbildung.
- Gute Beweglichkeit: 90°
- Mäßige Beweglichkeit: 80°
- Mangelhafte Beweglichkeit: 70°

11. Überprüfung der Beweglichkeit des Schollenmuskels

Versuchen Sie, mit geschlossenen Füßen und ohne Schuhe in die Hocke zu gehen, ohne dass die Fersen den Boden verlassen.
- Gute Beweglichkeit: Sie können die Übung barfuß oder in Socken durchführen.
- Mäßige Beweglichkeit: Sie können die Übung nur in Turnschuhen durchführen.
- Mangelhafte Beweglichkeit: Die Ferse verlässt den Boden.

12. Überprüfung der Beweglichkeit des Wadenmuskels

Stellen Sie sich in Schrittstellung mit dem Körper zur Wand und stützen Sie sich mit beiden Händen ab. Verlagern Sie Ihr Körpergewicht auf das vordere gebeugte Bein. Das hintere Bein ist gestreckt, die Ferse wird aktiv gegen den Boden gedrückt. Mit einem Lot können Sie die Beweglichkeit überprüfen.
- Gute Beweglichkeit: Das Knie (Lot) geht über die Fußspitze hinaus.
- Mangelhafte Beweglichkeit: Das Knie (Lot) reicht nicht über den Fußrücken hinaus.

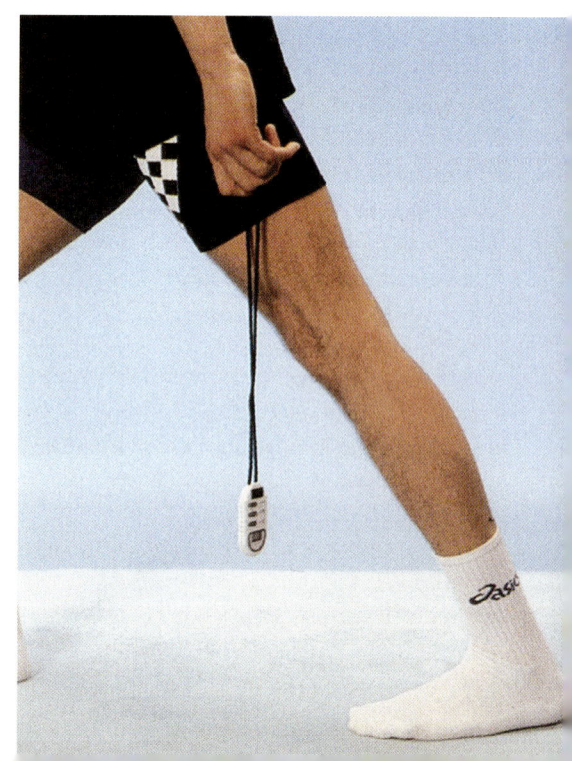

13. Überprüfung der Beweglichkeit des Beins im Hüftgelenk

Legen Sie sich in Rückenlage auf eine Bank oder auf den Boden. Beugen Sie das Bein im Hüftgelenk und führen Sie den Unterschenkel aktiv nach innen und außen.
- Eine eingeschränkte Beweglichkeit liegt vor, wenn der Unterschenkel nicht mehr als 40° nach innen und nur 35 bis 40° nach außen gedreht werden kann.

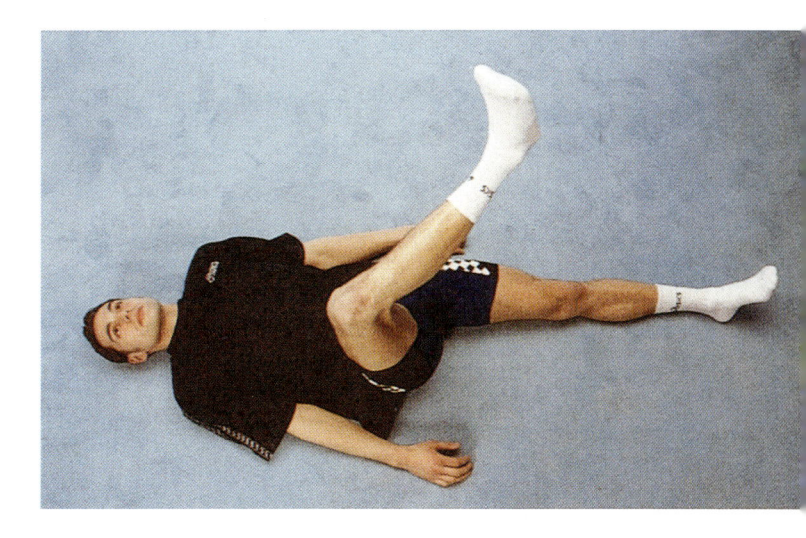

14. Überprüfung der Beweglichkeit des Sprunggelenks

Legen Sie sich auf eine Bank oder auf den Boden und winkeln Sie die Beine im 90°-Winkel an. Versuchen Sie nun, den Fuß maximal zu beugen und zu strecken.
- Eine eingeschränkte Beweglichkeit liegt vor, wenn der Fuß nicht mehr als 20° gebeugt und nur 40° gestreckt werden kann.

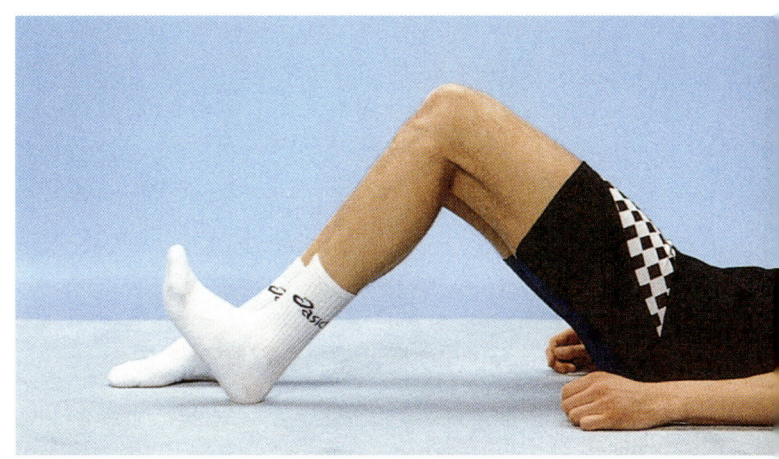

Die vorgestellten Muskelfunktionstests sind, auch in Bezug auf den Trainingsprozess, sehr ernst zu nehmen. Eine Einschränkung der Beweglichkeit der seitlichen Halsmuskulatur (Test 1) kann auf krankhafte Prozesse im Bereich der Halswirbelsäule und des Schulter- und Armbereichs hinweisen, die sich vor allem auf die Leistungsfähigkeit eines Torhüters negativ auswirken können. Eine schwache Bauch- und Rückenmuskulatur (Test 2–6) provoziert Rückenprobleme und Fehlhaltungen. Ein verkürzter Hüftbeuger (Test 7), im Fußball sehr häufig anzutreffen, verursacht ebenfalls Rückenprobleme und wirkt sich negativ auf die Sprintleistung aus. Verkürzte Adduktoren (Test 8) können anlagebedingt sein, sind aber häufig die Folge trainingsmethodischer Fehler. Sie können allerdings auch die Folge von nicht ausgeheilten Verletzungen sein. Ein verkürzter Wadenmuskel (Test 11 und 12) kann Achillessehnenreizungen provozieren und ein Hinweis auf degenerative Veränderungen im oberen Sprunggelenk sein.

6.6. Muskelfunktionstests mit Partner

Zusätzlich zu den Beweglichkeitstests können auch die folgenden Muskelfunktionsprüfungen durchgeführt werden, bei denen man allerdings die Mithilfe eines Sport-

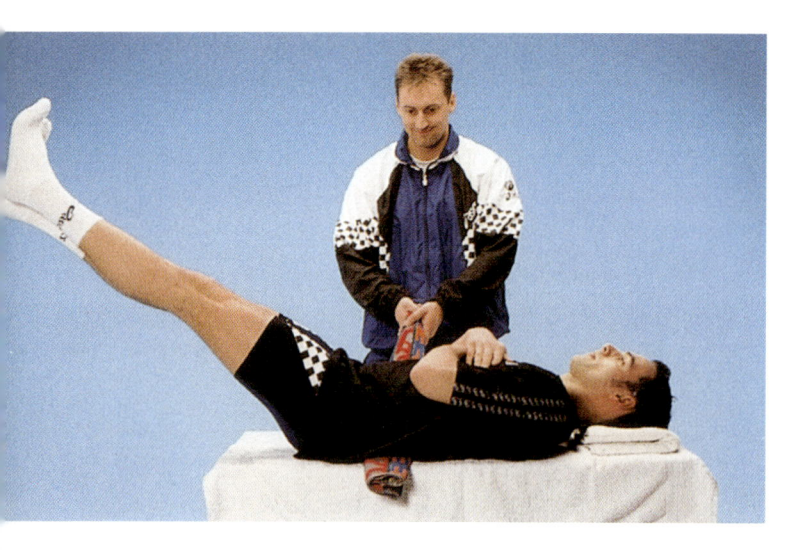

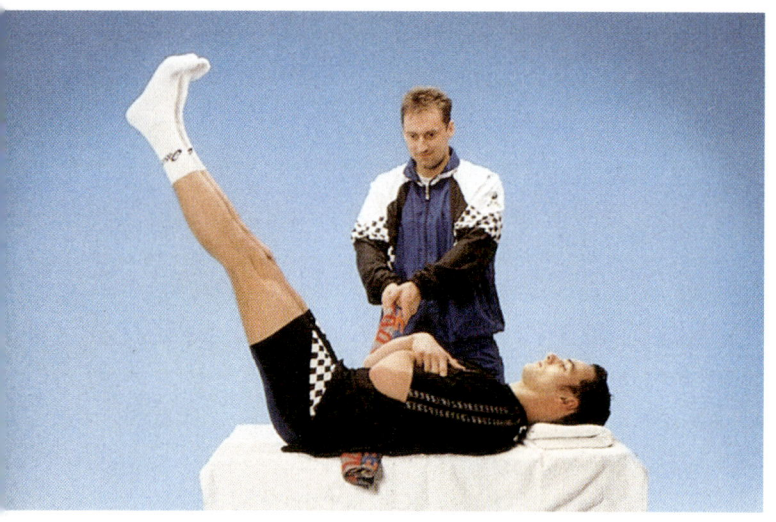

oder Physiotherapeuten in Anspruch nehmen sollte, denn in den meisten Fällen handelt es sich bei der Ergebnisbeurteilung um eine subjektive Einschätzung der Beweglichkeit oder der Kraft, wofür Erfahrung Voraussetzung ist. Vor den Tests sollten Sie sich aufwärmen.

1. Überprüfung der Kraft der Bauchmuskulatur

Legen Sie sich auf den Rücken und platzieren Sie unter der Wirbelsäule ein gefaltetes Handtuch. Heben Sie anschließend die Beine gestreckt bis zur Senkrechten. Mit Hilfe der angespannten Bauchmuskulatur drücken Sie das Handtuch gegen den Boden. Versuchen Sie nun, langsam die Beine zu senken, ohne den Druck auf das Handtuch abzuschwächen, so dass das Handtuch nicht weggezogen werden kann.

- Gute Kraft: Das Handtuch bleibt eingeklemmt.
- Mäßige Kraft: Die Beine können nicht ganz gesenkt werden.
- Mangelhafte Kraft: Das Handtuch kann nicht eingeklemmt werden.

2. Überprüfung der Kraft der Rückenmuskulatur

Legen Sie Ihren Oberkörper auf einen Tisch oder eine Bank. Der Therapeut achtet darauf, dass das Becken nicht aufliegt. Beugen Sie die Beine zu einem 90°-Winkel und heben Sie sie gegen den Widerstand des Therapeuten in horizontaler Richtung. Das Becken wird dabei vom Therapeuten fixiert. Die Einschätzung der Kraft erfolgt durch den Therapeuten.

3. Überprüfung der Beweglichkeit der Adduktoren

Legen Sie sich auf den Rücken und winkeln Sie die Beine an. Führen Sie die Knie so zur Seite, dass sich die Fußsohlen berühren. Der Therapeut drückt die Knie leicht nach unten und achtet dabei auf eventuelle Unterschiede zwischen rechts und links und auf den Grad der Beugung. Eine normale Beweglichkeit liegt bei etwa 120° vor.

4. Überprüfung der Beweglichkeit des Hüftbeugers

Legen Sie sich mit dem Rücken auf einen Tisch oder eine Bank, umfassen Sie die Oberschenkel eines Beines und ziehen Sie das Knie zum Oberkörper. Das über der Tischkante hängende andere Bein wird langsam nach unten gedrückt. Auch hier ist die Bewertung der Beweglichkeit subjektiv. Sie haben aber die Möglichkeit, dieses Ergebnis mit dem individuellen Testergebnis von Beweglichkeitstest 7 zu vergleichen.

5. Überprüfung der Beweglichkeit der vorderen Oberschenkelmuskulatur

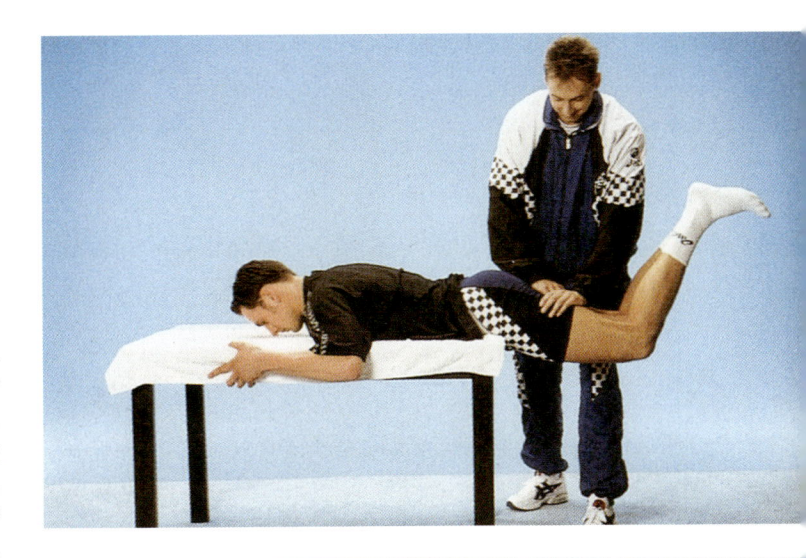

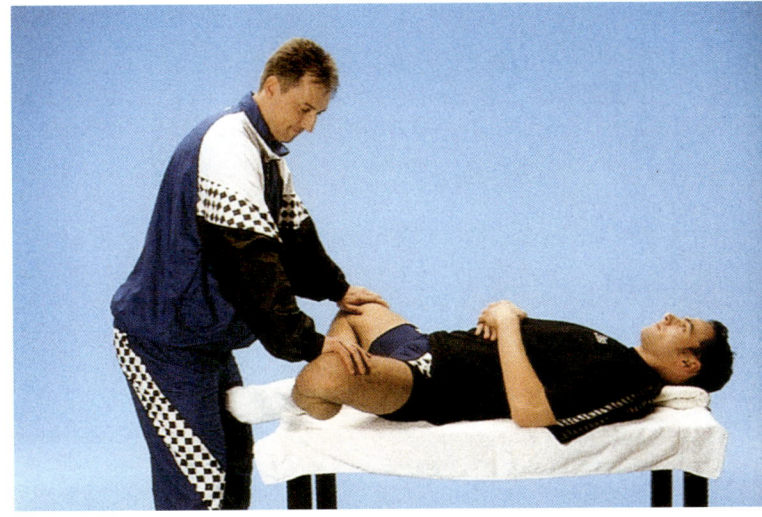

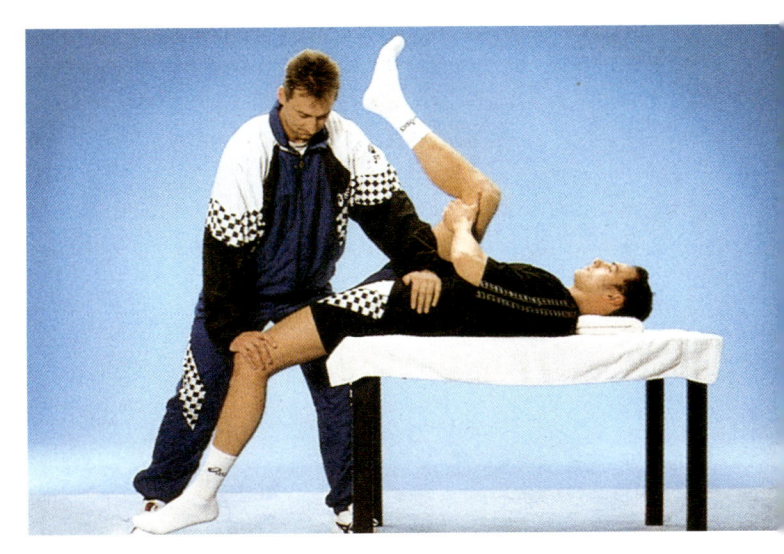

Legen Sie sich auf den Bauch. Ein Bein wird gestreckt, das andere Bein angewinkelt. Der Therapeut umfaßt den Unterschenkel des gebeugten Beines etwa in Knöchelhöhe und drückt die Ferse in Richtung Gesäß. Mit der anderen Hand fixiert der Therapeut das Becken. Eine gute Beweglichkeit liegt vor, wenn die Ferse das Gesäß berührt. Ein Vergleich mit dem Testergebnis von Beweglichkeitstest 9 ist nicht möglich, da die hier passive Beweglichkeit immer etwas größer ist.

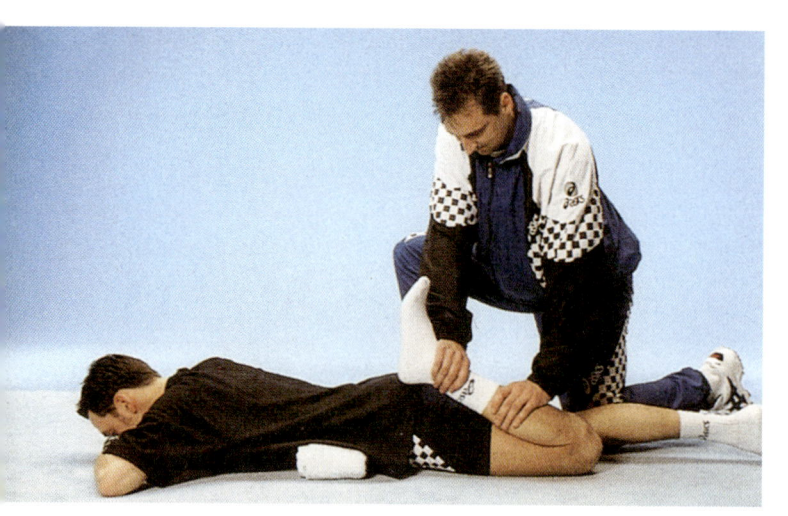

6. Überprüfung der Beweglichkeit der hinteren Oberschenkelmuskulatur

Legen Sie sich in Rückenlage. Ein Bein liegt gestreckt am Boden. Das andere Bein wird vom Therapeuten gestreckt in Richtung Oberkörper gedrückt (s. unten). Dieses Testergebnis können Sie mit der individuellen Ausführung (Beweglichkeitstest 10) vergleichen, obwohl hier passiv gedehnt wird.

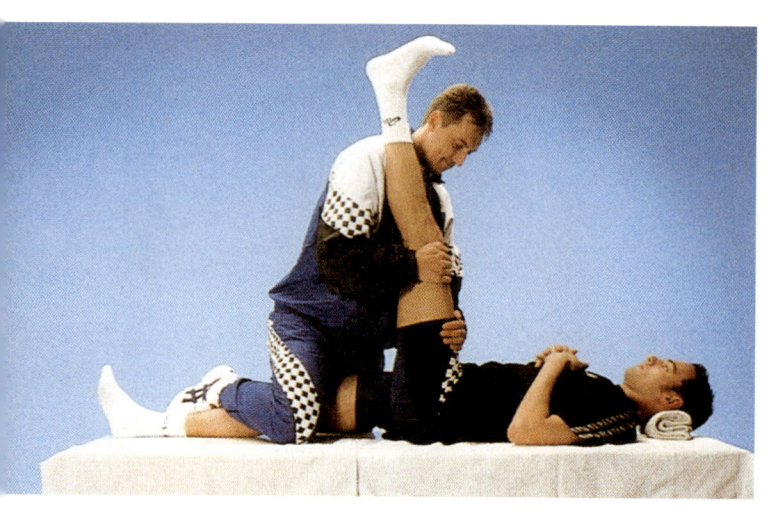

6.7. Formen des Beweglichkeitstrainings

Für das Fußballtraining kommen vier verschiedene Dehntechniken in Frage.

Sie sind sowohl individuell als auch, unter bestimmten Voraussetzungen, mit einem Partner durchführbar. Werden Partnerübungen durchgeführt, sollten beide Sportler über eine gewisse Erfahrung und vor allem Sensibilität verfügen, da es bei falschen oder zu hastig und extrem ausgeführten Bewegungen schnell zu Verletzungen kommen kann.

Das passiv-statische Stretching
Diese Dehntechnik ist am einfachsten zu erlernen und durchzuführen. Der zu dehnende Muskel wird langsam in seine Dehnendstellung gebracht und dann gehalten (statisch), ohne dass der Muskel dabei kontrahiert (passiv). Zur korrekten Bewegungsausführung:

- Begeben Sie sich langsam in die Dehnendstellung.
  - Dehnen Sie nur, bis es zieht, nicht bis es schmerzt.
  - Die Dehnung wird etwa 20 Sekunden gehalten.
  - Die Hauptbewegungsmuskeln werden zwei- bis dreimal gedehnt.
  - Während des Dehnvorganges ist auf eine ruhige und gleichmäßige Atmung zu achten.
  - Bleiben Sie so entspannt wie möglich.
  - Lösen Sie die Dehnung langsam auf.

Als Beispiel wurde die folgende Dehnung der vorderen Oberschenkelmuskulatur gewählt:

Im aufrechten Stand winkeln Sie das rechte Bein an, umfassen das Fußgelenk und ziehen die Ferse zum Gesäß. Das Standbein wird minimal gebeugt, und die Knie bleiben dicht nebeneinander. Um ein Hohlkreuz zu vermeiden, ist der Bauch anzuspannen.

Das passiv-statische Stretching wirkt sich noch effektiver aus, wenn man nach der ersten Dehnphase von 20 Sekunden Dauer eine zweite in gleicher Länge anschließt. Aufgrund der sich im Muskel abspielenden Prozesse ist es meistens möglich, beim zweiten Mal eine noch weitere Dehnendstellung zu erreichen.

Das passiv-statische Stretching eignet sich hervorragend zur Verbesserung der Dehnfähigkeit, sollte aber weder vor einem Wettkampf noch vor einem reinen Sprinttraining durchgeführt werden, denn bei richtiger Bewegungsausführung wird der Muskeltonus herabgesetzt, was sich negativ auf die Schnelligkeitsleistungen auswirkt.

Das aktiv-statische Stretching
Das aktiv-statische Stretching ist eine Weiterentwicklung der passiv-statischen Methode und bedarf einiger Erfahrung des Spielers. Für Anfänger ist sie ungeeignet. Bei dieser Form wird der zu dehnende Muskel langsam in seine Dehnendstellung gebracht, gleichzeitig wird nun der Gegenspieler, der Antagonist, angespannt. Die Dehnendhaltung wird etwa 20 Sekunden gehalten und jede Muskelgruppe wird zwei- bis dreimal gedehnt. Um Monotonie zu vermeiden, gibt es für fast jede Muskelgruppe mehrere Übungsformen, man muss also nicht die einzelne Übung wiederholen. Bei der Bewegungsausführung gelten die gleichen Regeln wie beim passiv-statischen Stretching. Den meisten Spielern, die diese Stretchingform erstmals ausführen, wird es Schwierigkeiten bereiten, den Antagonis-

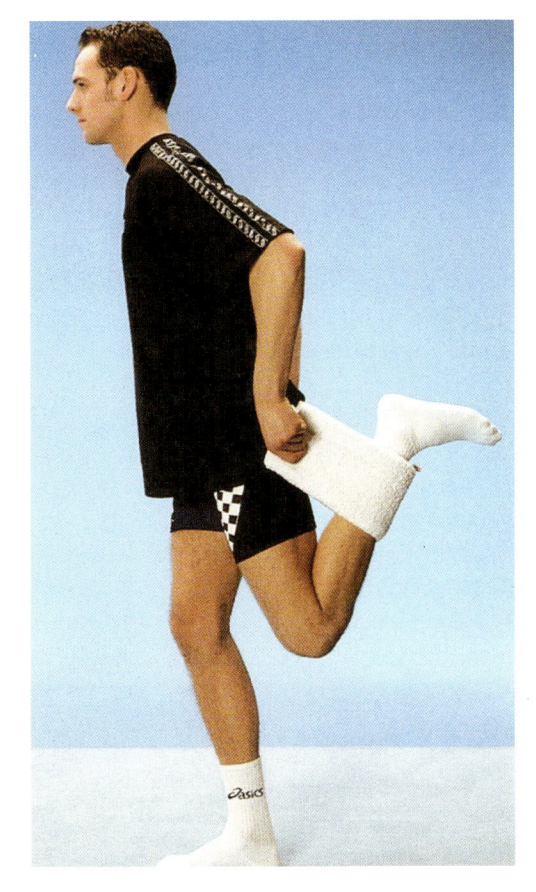

ten anzuspannen, während gleichzeitig der Agonist gedehnt wird. Dabei kommt es auf die Konzentrations- und Körperwahrnehmungsfähigkeit des Sportlers an. Die Entspannungsfähigkeit des Muskels bei gleichzeitiger Kontraktion des Gegenspielers nimmt auch nach der Dehnung zu und so ist man in der Lage, beim zweiten Mal eine erweiterte Dehnendstellung zu erreichen.

Als Beispiel dient wieder die Dehnung der vorderen Oberschenkelmuskulatur. Die Ausgangsstellung ist die Gleiche. Ziehen Sie die Ferse – bei schlechter Beweglichkeit mit Hilfe eines um den Knöchel gewickelten Handtuchs – zum Gesäß. Wenn Sie die Dehnendstellung erreicht haben, spannen Sie die Oberschenkelrückseite an.

Diese Methode eignet sich zur Beweglichmachung vor Wettkämpfen, da der Tonus nicht absinkt.

Das Anspannungs-Entspannungs-Stretching (CHRS-Methode)

Diese Stretchingmethode wird in der Krankengymnastik als postisometrische Muskeldehnung oder propriozeptive neuromuskuläre Dehnung bezeichnet.

Sie ist ebenfalls für Anfänger ungeeignet, da auch hier besondere Ansprüche an die Koordination, Körperwahrnehmung und Konzentration gestellt werden.

Die Buchstaben CHRS stehen als Abkürzungen für die einzelnen Schritte, die bei dieser Dehntechnik durchgeführt werden:
C (Contract) Die zu dehnende Muskelgruppe wird zunächst einige Sekunden isometrisch (ohne Verkürzung des Muskels) angespannt.
H (Hold) Die Spannung wird sechs bis zehn Sekunden gehalten.
R (Relax) Die Spannung wird innerhalb von zwei bis drei Sekunden gelöst.
S (Stretch) Der Muskel oder die Muskelgruppe wird gedehnt, wobei die Dehnendstellung zehn bis 30 Sekunden gehalten wird.

Auch diese Methode lässt sich an der Dehnung der vorderen Oberschenkelmuskulatur demonstrieren: Bekannte Ausgangsstellung, Sie umfassen den Knöchel. Bevor Sie nun die Dehnung vornehmen, spannen Sie die Oberschenkelvorderseite an, indem Sie versuchen, den Oberschenkel gegen den Widerstand der Hand nach unten zu drücken. Die Spannung wird einige Sekunden gehalten und dann gelöst. Erst danach gehen Sie in die Dehnendstellung.

Mit der CHRS-Methode sind die größten Erfolge zu erzielen. Durch die vor der Dehnung vorgenommene Anspannung wird die Muskelaktivität verringert. Somit ist der Muskel nicht mehr in dem Maße in der Lage, gegen die Dehnung zu arbeiten, wodurch die Dehnfähigkeit verbessert wird. Die Intensität der Anspannung sollte etwa 50 % der Maximalkraft betragen. Wenn mehr Kraft eingesetzt wird, kommt es zur unerwünschten Mitwirkung anderer Muskelgruppen oder zu einer unsauberen Bewegungsausführung.

Diese Dehnmethode ist die komplizierteste und sollte nur unter Anleitung eines erfahrenen Therapeuten durchgeführt und erlernt werden.

Wippen und Federn

Beim Wippen und Federn handelt es sich um eine früher fast ausschließlich praktizierte Form der Mobilisierung, bei der allerdings im Endeffekt eher das Gegenteil eintritt.

Warum gehört sie trotzdem hierher? Bei den reinen Stretchingmethoden wird in den meisten Fällen der Muskeltonus herabgesetzt. Beim Wippen und Federn ist eine aktive Dehnmethode gegeben. Ihr Vorteil liegt darin, dass bei der Dehnung des Agonisten die Antagonisten kontrahieren und auch gekräftigt werden. Auf diese Weise lernt der gedehnte Muskel, schwunghafte Bewegungen, die im Fußball sehr häufig vorkommen, durch Kontraktion abzufangen.

Der Muskeltonus wird optimal aufgebaut, so dass die Methode ideal zur Vorbereitung eines Schnelligkeitstrainings oder eines Spieles dient. Optimal ist es, vor einem Spiel die stark verkürzten Muskelgruppen zu dehnen und sich ansonsten mit Wippen und Federn vorzubereiten.

6.8. Die Periodisierung des Beweglichkeitstrainings

Eine Periodisierung des Beweglichkeitstrainings wird eigentlich nicht vorgenommen, da sie das ganze Jahr über trainiert werden sollte. Einige Dinge sind dennoch zu beachten. Spieler, die bisher kein spezielles Stretchingprogramm durchgeführt haben, beginnen zunächst mit dem passiv-statischen Stretching. Erst wenn sie genügend Erfahrung mit dieser Dehnmethode haben und erste Erfolge erzielt wurden, können auch die anderen Stretchingmethoden durchgeführt werden.

Jeder Spieler sollte wissen, dass Erfolge erst nach sechs bis acht Wochen erzielt werden können, und nur, wenn das Stretching regelmäßig (wenigstens dreimal wöchentlich) durchgeführt wird.

Ein Stretchingprogramm schließt sich im Training immer der Aufwärmphase (lockeres Traben) an und unter Umständen (wenn die Trainingseinheit nicht zu erschöpfend war) sollte auch nach einem Training noch einmal gedehnt werden.

Allgemeine Grundsätze

Bei der Durchführung von Dehn- und Stretchingprogrammen sind einige Grundsätze zu beachten:

- Ein intensives Stretchingprogramm vor dem Training nimmt etwa zehn bis 15 Minuten in Anspruch.
- Die Stretchingprogramme sind auf die jeweiligen äußeren Bedingungen abzustimmen. So sollte man, wenn möglich, in der kalten Jahreszeit in geschlossenen Räumen dehnen. Denn draußen kann es beim relativ bewegungsarmen Stretching zu Unterkühlungen kommen, die wiederum Verletzungen provozieren.
- Übungen, die im Liegen oder Sitzen durchgeführt werden, sollten immer nur auf einem trockenen Untergrund absolviert werden.
- Das Dehnprogramm ist immer von der nachfolgenden Belastung und vom Spielertyp abhängig. Spieler, die starke Muskelverkürzungen haben, man bezeichnet sie als hypoton, sollten entspannend wirkende Dehntechniken, d. h. ein passiv-statisches Stretching, durchführen. Ruhige und nur schwer motivierbare Spieler hingegen sollten aktivierende Dehntechniken bevorzugen.
- Der Fußballspieler sollte sich bei seinem Dehnprogramm vor allem auf die besonders beanspruchte Muskulatur der Beine und der Hüfte konzentrieren, d. h. die speziellen Übungen mehrmals wiederholen, während die anderen Bereiche zwar nicht vernachlässigt, aber nicht so intensiv bearbeitet werden müssen. Torhüter müssen zudem Rücken, Schulter, Arme und Hände dehnen.
- Spielern, die nach Verletzungen wieder in den Trainingsverband integriert werden sollen, muss die Möglichkeit gegeben werden, zusätzliche Übungen durchführen zu können.
- Spieler, die unter einer degenerativen Hüftgelenkserkrankung leiden (Arthrose), sollten vor allem die Hüftbeuger, die Außenrotatoren der Hüftgelenke und die Adduktoren dehnen.
- Bei Achillessehnenproblemen (Achillodynie o. ä.) und Sprunggelenkverletzungen ist vor allem der untere Anteil des Wadenmuskels zu dehnen.

Spieler, die über eine Hypermobilität (extreme Beweglichkeit) in bestimmten Gelenken verfügen, sollten diese Bereiche lieber kräftigen statt dehnen.

Stretching vor einem Schnelligkeits- oder schnellkraftorientierten Training

Wenn als Haupttrainingsinhalt ein Sprinttraining oder eine fußballspezifische Trainingsform mit vielen Antritten oder schnellkräftigen Übungen durchgeführt werden soll, dürfen keine passiven Dehntechniken (passiv-statisches Stretching) absolviert werden. Ein solches Training verlangt nach einer hohen Muskelspindelaktivität, die nach einem passiv-statischen Stretching aber herabgesetzt wird, was zu einem Schnelligkeits- und Kraftverlust führt.

Stattdessen sollten aktiv-dynamische Dehnformen durchgeführt werden. Einschränkend sei allerdings darauf hingewiesen, dass Spieler, die in bestimmten Bereichen zu Verkürzungen neigen, diese Muskeln passiv-statisch vordehnen müssen und erst dann zu aktiv-dynamischen Dehnformen übergehen können. Nach hoch intensiven Trainingsbelastungen sollte, aufgrund des Wasserverlustes in der Muskulatur, nicht mehr gedehnt werden. Die Empfindlichkeitsschwelle der Muskelspindeln ist derart erhöht, dass es außerordentlich schnell zu Verletzungen kommen kann, wenn man in eine zu weite Dehnendstellung gelangt.

Stretchingprogramme vor einem Training der Grundlagenausdauer

Ein Beweglichkeitstraining mit passiv-statischem Stretching ist hervorragend dazu geeignet, einem Grundlagenausdauertraining vorangestellt zu werden. Aber auch alle anderen Dehntechniken sind vor einem Ausdauertraining möglich. Da es bei einer ausdauerbetonten Trainingsform immer zu einem Substratverlust kommt, ist auch der Muskeltonus immer erhöht. Um einer muskulären Verspannung vorzubeugen, eignet sich die Durchführung von Stretchingprogrammen vor und nach dem Training.

6.9. Die besten Stretchingübungen

Die den nachfolgenden Stretchingübungen beigefügten Abbildungen erläutern die Übungsausführung. Unbedingt zu vermeiden sind die in der Beschreibung genannten Fehlerquellen. Eine falsche Bewegungsausführung kann schnell zu Verletzungen führen.

Dehnung der Unterschenkelvorderseite (M. tibialis anterior und M. flexoren)

Ausgangsstellung: Langsitz

Durchführung:
- Die Beine sind gestreckt und der Partner drückt den Fußrist vorsichtig nach unten

Fehler:
- Rundrücken
- Nach-Innen-Drehen des Fußristes

CHRS:
- Fußrist gegen die Hand des Partners nach oben drücken

Dehnung der Wade 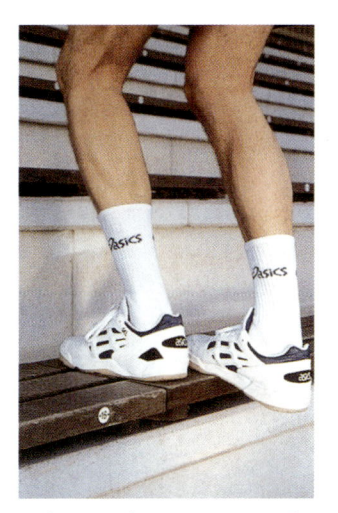   Dehnung der unteren Wade    Dehnung der Oberschenkel-
                                                        vorderseite

Dehnung der Wade (M. gastrocnemius)

Ausgangsstellung: Stand auf einer Stufe

Durchführung:
- Körpergewicht auf ein Bein verlagern, den anderen Fuß an die Kante setzen, wobei der Fußballen noch aufliegt
- das Bein ist gestreckt und die Ferse zieht zum Boden

Fehler:
- Fußspitze und Knie zeigen nicht in eine Richtung
- Ferse ist nicht unterhalb der Stufenkante

CHRS:
- Zehenspitzenstand

Dehnung der unteren Wade (M. soleus)

Ausgangsstellung: Stand auf einer Stufe

Durchführung:
- Körpergewicht auf das linke Bein verlagern
- den Fuß des rechten Beines an der Kante aufsetzen, wobei der Fußballen noch aufliegt
- bei leicht angewinkeltem rechten Bein zieht die Ferse zum Boden

Fehler:
- Fußspitze und Knie zeigen nicht in eine Richtung
- Ferse ist nicht unterhalb der Stufenkante

CHRS:
- Zehenspitzenstand

Dehnung der Oberschenkelvorderseite (M. quadriceps femoris)

Ausgangsstellung: Stand

Durchführung:
- ein Bein wird angewinkelt, und die Hände umfassen das Fußgelenk

- bei aufgerichtetem Oberkörper wird die Ferse zum Gesäß gezogen
- das Standbein ist leicht gebeugt, die Bauchmuskeln müssen angespannt werden

Fehler:
- Hohlkreuzbildung
- Knie dreht nach außen, Ferse ist neben dem Gesäß
- Hände umfassen die Fußspitze

CHRS:
- Unterschenkel drückt gegen den Widerstand der Hände nach unten

Intensive Dehnung der Oberschenkelvorderseite

Dehnung der Oberschenkelvorderseite im Liegen (M. quadriceps femoris)

Ausgangsstellung: Seitlage

Durchführung:
- das obere Bein ist angewinkelt, das untere liegt in Verlängerung der Wirbelsäule
- das obere Bein wird nach hinten angewinkelt, die Hand umfasst das Fußgelenk

Fehler:
- Hohlkreuzbildung
- Knie sind nicht in der Horizontalen

CHRS:
- Unterschenkel drückt gegen den Widerstand der Hände

Intensive Dehnung der Oberschenkelvorderseite (M. quadriceps femoris)
Ausgangsstellung: einbeiniger Kniestand

Durchführung:
- der linke Fuß wird aufgesetzt
- die Hände umfassen das Fußgelenk
- die rechte Ferse wird zum Gesäß gezogen

Fehler:
- Hohlkreuzbildung
- Rundrücken
- seitliches Verdrehen des Oberkörpers
- Abstand zwischen linker Ferse und rechtem Knie ist zu gering

CHRS:
- der rechte Unterschenkel drückt gegen die Hände nach unten

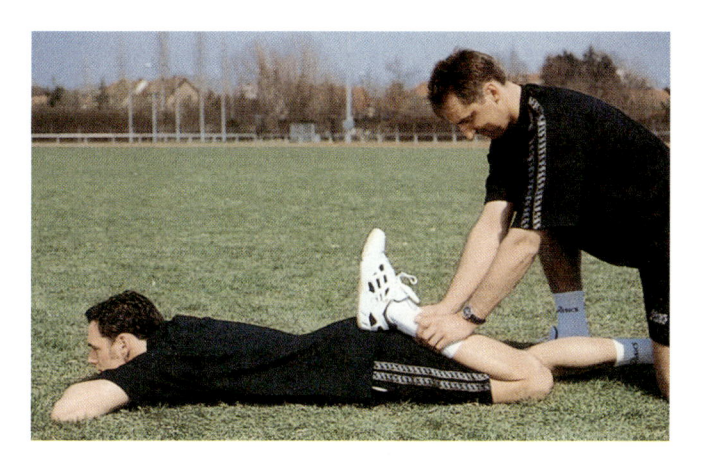

Dehnung der Oberschenkelvorderseite als Partnerübung (M. quadriceps femoris)

Ausgangsstellung: Bauchlage (Becken eventuell unterlagert)

Durchführung:
- ein Bein anwinkeln
- der Partner drückt die Ferse in Richtung Gesäß

Fehler:
- Hohlkreuzbildung
- Kopf ist abgehoben

CHRS:
- Unterschenkel gegen den Druck des Partners strecken

- die Hüfte wird gebeugt (s. unten linke Abb.)
- die Hände können auf dem Standbein abgestützt werden

Fehler:
- Rundrücken
- verdrehte Hüfte

CHRS:
- Ferse des gestreckten Beines in den Boden drücken

Dehnung der Oberschenkelrückseite (ischiocrurale Muskulatur)

Ausgangsstellung: Stand

Durchführung:
- Beine über Kreuz stellen
- Hüfte beugen und den geraden Oberkörper zum Boden führen (s. unten rechte Abb.)

Fehler:
- Beine sind gebeugt
- Rundrücken
- Kopf hängt herunter oder wird in den Nacken genommen

Dehnung der Oberschenkelrückseite (ischiocrurale Muskulatur)

Ausgangsstellung: Stand

Durchführung:
- ein Bein wird gestreckt vor dem Körper aufgesetzt
- die Fußspitze wird zum Körper herangezogen
- das andere Bein ist gebeugt, so dass die Knie nebeneinander sind

- zur Intensivierung kann der Partner die Fußspitzen vorsichtig nach unten drücken

Fehler:
- Gesäßhälfte hebt vom Boden ab

CHRS:
- das gestreckte Bein drückt gegen den Widerstand des Partners

Dehnung der Oberschenkelrückseite liegend (ischiocrurale Muskulatur)

Ausgangsstellung: Rückenlage

Durchführung:
- das rechte Bein liegt gestreckt am Boden
- das linke Bein wird zum Körper herangezogen
- Hände umfassen die Oberschenkelrückseite des linken Beines
- das linke Bein wird nach oben gestreckt

Fehler:
- die rechte Gesäßhälfte hebt ab

CHRS:
- das gestreckte linke Bein drückt gegen die Handflächen

Dehnung der Oberschenkelinnenseite (M. adductor longus, brevis, magnus)

Ausgangsstellung: Rückenlage

Durchführung:
- Beine anwinkeln und Fußsohlen aneinander legen
- Hände drücken gegen die Oberschenkelinnenseite

Fehler:
- Hohlkreuzbildung

CHRS:
- Oberschenkelinnenseite gegen den Druck der Hände nach oben drücken

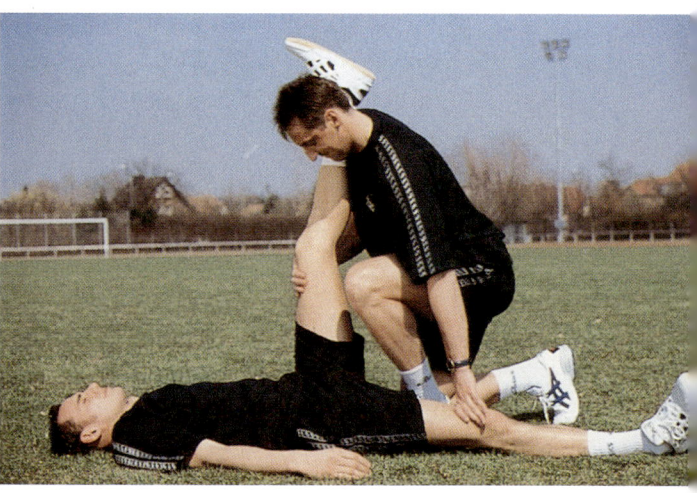

Dehnung der Oberschenkelrückseite als Partnerübung (ischiocrurale Muskulatur)

Ausgangsstellung: Rückenlage

Durchführung:
- Partner fixiert das am Boden liegende Bein
- umfaßt das andere Bein und führt es in Richtung Oberkörper

Dehnung der Oberschenkelinnenseite als Partnerübung (M. adductor longus, brevis, magnus)

Ausgangsstellung: Rückenlage

Durchführung:
- Beine sind angewinkelt und Fußsohlen liegen aneinander
- der Partner drückt die Beine vorsichtig nach unten

Fehler:
- Hohlkreuzbildung

CHRS:
- Beine werden gegen den Widerstand des Partners gedrückt

Dehnung der Oberschenkelrückseite (ischiocrurale Muskulatur)

Ausgangsstellung: Rückenlage

Durchführung:
- ein Bein liegt gestreckt am Boden, während das andere Bein herangezogen wird
- beide Hände umfassen die Oberschenkelrückseite
- Bein wird zur Decke gestreckt

Fehler:
- Gesäßhälfte hebt ab

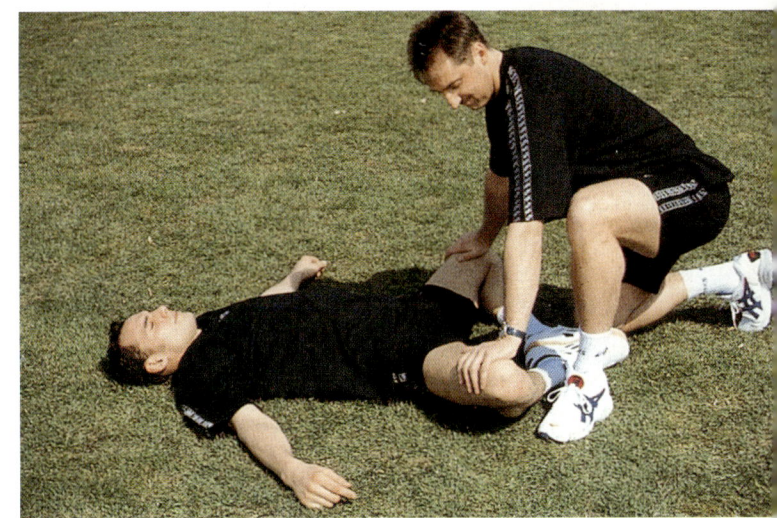

Dehnung der Gesäßmuskulatur (M. gluteus)

Ausgangsstellung: Sitz

Durchführung:
- das linke Bein ist ausgestreckt
- das rechte Bein ist angewinkelt, der Fuß setzt an der Außenseite des linken Beines auf
- der linke Arm zieht den rechten Oberschenkel zum Körper heran

Fehler:
- Rundrücken
- Oberkörper verdreht

CHRS:
- der rechte Oberschenkel drückt gegen den linken Arm

Dehnung des Gesäßes, der Oberschenkelaußenseite und der Außenrotatoren (M. gluteus, Abduktoren, M. piriformis)

Ausgangsstellung: Rückenlage

Durchführung:
- ein Bein wird über das andere geschlagen
- der Fuß des übergeschlagenen Beines zeigt nach außen
- das aufgesetzte Bein wird gegen den Druck des anderen Beines mit Hilfe der Arme zum Körper gezogen

Fehler:
- Rundrücken

Dehnung der Gesäß- und Rumpfmuskulatur (M. gluteus, M. erector spinae)

Ausgangsstellung: Rückenlage

Durchführung:
- Beine sind angewinkelt und Füße aufgesetzt
- Arme liegen in Schulterhöhe am Boden
- das rechte Bein überschlägt das linke und die Beine fallen zur Seite

Fehler:
- Hohlkreuzbildung
- die linke Schulter hebt vom Boden ab
- Beine sind nicht mehr übergeschlagen

Ganzkörperdehnung (M. pectoralis, M. rectus abdominis, M. erector spinae, M. gluteus)

Ausgangsstellung: Rückenlage

Durchführung:
- der rechte Arm liegt etwas über Schulterhöhe ausgestreckt am Boden
- das rechte Bein wird angewinkelt
- die linke Hand fasst das rechte Knie
- die linke Hand zieht das rechte Knie in Richtung Boden

Fehler:
- Hohlkreuzbildung
- die rechte Schulter hebt vom Boden ab

Dehnung der Rumpfmuskulatur (M. rectus abdominis, M. obliquus externus und internus, M. transversus abdominis, M. erector spinae)

Ausgangsstellung: Rückenlage

Durchführung:
- Beine sind angewinkelt, Füße aufgesetzt

- Arme liegen in Schulterhöhe seitlich neben dem Körper
- Beine fallen locker zur rechten Seite ab

Fehler:
- die linke Schulter hebt vom Boden ab

Dehnung der Bauchmuskulatur (M. rectus abdominis)

Ausgangsstellung: Rückenlage

Durchführung:
- Arme sind nach hinten gestreckt und Beine ausgestreckt
- Fußspitzen sind zum Körper herangezogen
- Becken ist leicht gekippt
- die Lendenwirbelsäule drückt fest gegen den Boden
- es kommt zur Ganzkörperstreckung

Fehler:
- Hohlkreuz
- Fußspitzen sind gestreckt

Dehnung der Bauchmuskulatur (M. rectus abdominis)

Ausgangsstellung: Rückenlage auf dem Pezziball

Durchführung:
- Füße sind aufgesetzt und Beine angewinkelt 
- man legt sich mit der Brust- und Lendenwirbelsäule auf den Pezziball
- Arme werden gestreckt nach hinten unten geführt

Fehler:
- Kopf hängt herunter
- Gesäß liegt auf dem Pezziball auf

CHRS:
- Bauchmuskulatur anspannen

Dehnung der Bauchmuskulatur (M. rectus abdominis)

Ausgangsstellung: Bauchlage

Durchführung:
- Oberkörper mit den Händen nach oben drücken, wobei der Bauch »hängen« soll

Fehler:
- Kopf im Nacken

Die besten Stretchingübungen

Dehnung der Brustmuskulatur (M. pectoralis)

Ausgangsstellung: Stand

Durchführung:
- Hände hinter dem Körper verschränken
- gestreckte Arme zur Decke ziehen (s. unten linke Abb.)

Fehler:
- Oberkörper kippt nach vorne
- Kinn liegt auf der Brust

Dehnung der Brustmuskulatur (M. pectoralis)

Ausgangsstellung: Stand

Durchführung:
- der rechte Arm wird etwas über Schulterhöhe flach an die Wand gelegt (s. unten rechte Abb.)
- Füße stehen in Schrittstellung, wobei der wandnahe Fuß vorne steht
- Oberkörper ist aufrecht
- Rumpf dreht nach links

Fehler:
- Arm ist zu tief
- Oberkörper ist verdreht

Dehnung der Schultermuskulatur (M. latissimus dorsi, M. trapezius)

Ausgangsstellung: Kniestand

Durchführung:
- Hände werden vor dem Körper aufgesetzt
- Gesäß liegt auf den Fersen
- Hände rutschen vor
- Gesäß hebt ab
- bei gestreckten Armen ziehen Schultern und Arme zum Boden

Fehler:
- Gesäß ist vor den Knien
- Arme sind nicht gestreckt und Unterarme liegen auf
- Kopf ist angehoben

Dehnung der Schulter (M. latissimus dorsi, M. trapezius)

Ausgangsstellung: Stand

Durchführung:
- die Arme werden verschränkt über dem Kopf gestreckt
- Handinnenflächen drücken gegeneinander
- Finger und Arme ziehen zur Decke

Fehler:
- Kopf neigt zu weit nach vorne
- Arme sind nicht gestreckt

Dehnung der seitlichen Rumpfmuskulatur (M. serratus anterior, M. obliquus externus und internus, M. transversus abdominis)

Ausgangsstellung: Stand

Durchführung:
- die rechte Hand wird an den Hinterkopf gelegt
- die linke Hand an die Hosennaht
- bei leichter Beugung des Oberkörpers wird der rechte Ellenbogen nach oben gestreckt

Fehler:
- Hüfte knickt ab
- Kopf oder Körper werden verdreht

Dehnung der seitlichen Nackenmuskulatur (M. levator scapulae, M. splenius capitis, cervitis)

Ausgangsstellung: Stand

Durchführung:
- die rechte Hand fasst über den Kopf zum linken Ohr
- der linke Arm zieht bei angewinkeltem Handgelenk gestreckt nach unten
- das rechte Ohr wird zur rechten Schulter gezogen

Fehler:
- Kopf wird verdreht
- Rumpf knickt ab

CHRS:
- vor der Dehnung wird die linke Hand an die linke Kopfhälfte gelegt
- der Kopf drückt gegen die Hand, wird aber aufrecht gehalten

Dehnung der Unterarmmuskulatur (Palmar- und Dorsalflexoren)

Ausgangsstellung: Stand

Durchführung:
- Handflächen werden gegengleich aneinander gelegt
- Arme werden in Schulterhöhe vor dem Körper gehalten
- Handinnenflächen werden zusammengedrückt

Fehler:
- angezogene Schultern

CHRS:
- Handinnenflächen werden gegeneinander gedrückt

Dehnung der Unterarmmuskulatur (Palmar- und Dorsalflexoren)

Ausgangsstellung: Vierfüßlerstand

Durchführung:
- Hände werden gedreht, so dass die Fingerspitzen in Richtung der Beine zeigen
- bei durchgestreckten Armen werden die Schultern zurückgeschoben

Fehler:
- Fingerspitzen zeigen nicht in Richtung der Beine

Bei den vorgestellten Übungen handelt es sich um ein umfangreiches Programm. Es versteht sich von selbst, dass nicht alle Übungen in jeder Trainingseinheit absolviert werden können. Für die meisten Muskelgruppen werden mehrere Übungsvarianten vorgestellt. Vor allem die beim Fußballer häufig verkürzten Muskelgruppen sollten möglichst mehrmals gedehnt werden. Nur die systematische und konsequente Durchführung eines Stretchingprogramms führt auch zu der erwünschten Beweglichkeitssteigerung. Übertriebenes oder falsch ausgeführtes Stretching birgt, wie alle exzessiv oder falsch ausgeführten Trainingsformen, ein hohes Verletzungsrisiko.

Weitere interessante Neuscheinungen aus dem Copress Verlag

FUSSBALL COACHING perfekt

TONY CARR

- Techniktraining
- Aufwärmprogramme
- Taktikschulung
- Wettkampf-Coaching
- Problemlösungen
- Trainingspläne

Mit vielen Info-Grafiken

COPRESS SPORT

Tony Carr
Fußball-Coaching perfekt
144 Seiten, 120 Abbildungen

€ 14,90 [D]
€ 15,30 [A] · SFR 26,80
ISBN 3-7679-0954-5

BERND ROHR

FUSSBALL LEXIKON

Die große Fußball-Enzyklopädie

- über 5.000 Stichwörter
- über 600 Abbildungen
- zahlreiche Web-Adressen

COPRESS SPORT

Bernd Rohr
Fußball Lexikon
ca. 640 Seiten, über 600 s/w-Abbildungen

€ 10,– [D]
€ 10,30 [A] · SFR 18,30
ISBN 3-7679-0942-1

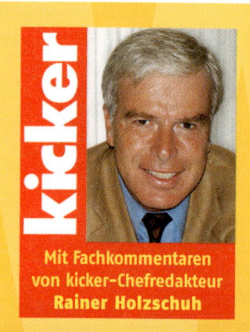

kicker sportmagazin • SVEN SIMON

Mit Fachkommentaren von kicker-Chefredakteur Rainer Holzschuh

WM 2006 Deutschland

Fußball-Weltmeisterschaft

Mit großem Sonderteil:
WM-Gastgeber Deutschland
Städte – Stadien – Fans

Berichte – Analysen – Kommentare

COPRESS SPORT

kicker sportmagazin / Sven Simon
Fußball-WM Deutschland 2006
192 Seiten, ca. 280 Abbildungen

€ 16,90 [D]
€ 17,40 [A] · SFR 30,10
ISBN 3-7679-0671-6